U0519276

2017年江苏省投入产出研究课题
盐城工学院公共安全与应急管理研究中心成果
盐城市重点培育新型智库"盐城产业经济研究院"研究成果
江苏高校哲学社会科学研究重大项目（2020SJZDA056）研究成果

TUIDONG CHANYE SHENGJI
TISHENG CHENGSHI JINGZHENGLI
YANCHENG GONGYE QIANGSHI PINGJIA JI FENXI

推动产业升级
提升城市竞争力
——盐城工业强市评价及分析

赵永亮　焦微玲　陈　军　等著

西南财经大学出版社

中国·成都

图书在版编目（CIP）数据

推动产业升级 提升城市竞争力:盐城工业强市评价及分析/赵永亮等著.—成都:西南财经大学出版社,2021.12
ISBN 978-7-5504-4376-1

Ⅰ.①推… Ⅱ.①赵… Ⅲ.①工业产业—产业发展—研究报告—盐城 Ⅳ.①F427.533

中国版本图书馆 CIP 数据核字（2020）第 016296 号

推动产业升级 提升城市竞争力
——盐城工业强市评价及分析

赵永亮 焦微玲 陈军 等著

责任编辑:雷静
责任校对:高小田
封面设计:墨创文化
责任印制:朱曼丽

出版发行	西南财经大学出版社(四川省成都市光华村街 55 号)
网 址	http://cbs.swufe.edu.cn
电子邮件	bookcj@swufe.edu.cn
邮政编码	610074
电 话	028-87353785
照 排	四川胜翔数码印务设计有限公司
印 刷	四川五洲彩印有限责任公司
成品尺寸	148mm×210mm
印 张	7
字 数	129 千字
版 次	2021 年 12 月第 1 版
印 次	2021 年 12 月第 1 次印刷
书 号	ISBN 978-7-5504-4376-1
定 价	48.00 元

内容提要

（一）主要观点与结论

1. 盐城市人均地区生产总值与苏北整体水平相当，远低于苏中、苏南

2018 年，盐城地区生产总值初步核算数为 5 487.08 亿元，人均地区生产总值 75 987 元，与徐州、淮安大致相同，稍高于苏北平均水平（70 369 元），远低于苏中（115 360元）、苏南（160 747 元）。

2. 盐城尚处于工业化中期阶段，工业经济仍将是盐城未来经济发展的主要驱动力

在未来 5～10 年的时间，盐城应大力提升制造业水平，

完善产业结构，促进产业升级换代，使产业向"微笑曲线"的高端发展。

3. 在县域工业经济评价中，东台市、大丰区、开发区远超苏北平均水平

东台市、大丰区、开发区远超过苏北平均水平，盐都区、亭湖区、建湖、响水和射阳 5 个县（区）处于苏北各县（市、区）前列，滨海、阜宁和城南新区得分较低，总量拖累总体指标。城南新区工业总量指标较低，为居住型新区。

4. 纵向比较，盐城工业实力不断增强，结构不断优化；横向比较，盐城与常州、南通、泰州和嘉兴等城市相比整体上处于劣势

在五市中，盐城市工业经济总量偏小，工业处于产业链低端位置。盐城税收贡献率偏低，在五市中虽列第三位，但与南通、常州差距较大；盐城能源产出效率不高，在五市中列第三位。

5. 围绕"打造创新链、提升价值链、健全产业链"的总方针，盐城应加快集聚优质创新要素，以发展特色产业作为工业强市的重要抓手，走出富有盐城特色的新型工业化道路

加快集聚优质创新要素，在重点企业、产业基地、园区集中建设一批产业研究院、重点实验室、企业研发中心，使

之成为创新种子基地；加强园区产业链配套功能，建立健全产品解决方案、信息咨询、电子商务、资本运作、风险投资等公共服务平台，使园区成为集聚优质生产服务性要素的高地，创新孵化基地；推动园区提档升级，集中力量打造一批产业高端、特色鲜明、集聚度高的龙头型园区和高端价值链建设示范基地；加快培育一批主业突出、竞争力强、成长性高的"专、精、特、新"企业和"小巨人"企业，强化产业发展后劲；提高支柱产业竞争力，带动盐城工业向中高端攀升，打造在江苏乃至全国具有竞争力和影响力的标杆产业。

6. 工业经济仍然是盐城未来经济发展的主要驱动力；应加快或重新构建制造业特色产业生态系统；新兴制造业要发展高端制造、智能制造、绿色制造；传统产业、小产业要朝精、深、特、专、品牌化方向发展，形成产业竞争新规则；加大生产性服务业高端化、集聚化、系统集成化；充分利用盐田作为工业后备土地资源优势

利用响水盐田后备土地资源优势，引进资本、技术密集型且对港口较为依赖的大进大出型临港项目，构建特色全产业链，培育百亿级企业、千亿级大体量产业；新兴服务业要引进"瞪羚企业"，抢先构建特色生态系统；传统产业、小产业要朝精、深、特、专、品牌化方向发展，形成产业竞争

新规则；加快或重新构建制造业的特色产业生态系统；园区要扩大权限，厘清权利边界，进行市场化运作；仿造硅谷银行机制，鼓励科技与金融结合；科技要强化企业是创新主体，与本地产业整合，成果在本地转化。

7. 国际国内环境总体向好，为盐城工业强市发展提供了良好的外部环境。新常态下经济正在向发展形态更高级、产业分工更复杂、经济结构更合理的阶段演化，维持中高速增长趋势不会改变

我国经济长期向好。我国有出色的领导力、强大的凝聚力、高效的动员力、坚定的执行力等中国特色社会主义的内生力，有持续改革不断释放的强大动力，有全球最完整、规模最大的工业体系、强大的生产能力，有最勤劳的人民，把长期潜在的增长变成每一年的实际增长，还需要在体制、政策等领域做出调整和优化。

8. 盐城工业强市发展适逢国家层面、区域层面多重机遇，需要积极转变发展思路，拓展新空间，构建全方位发展格局

推进产城融合，优化产业布局，集约城市发展空间；推进"互联网+"，开拓虚拟经济空间；推进沿海开发，打造蓝色经济空间；坚持绿色发展，构筑生态宜居空间；创新商业

模式，挖掘企业盈利空间；培育临空经济，开拓产业创新空间；加快开发盐田，扩大工业增长空间。

9. 国家级园区应完善配置，各类园区可实行领导交叉任职、采取"一区多园"等方式；应积极尝试公私合作招商方式，实现"政府主导、企业运作、合作共赢"的市场化园区运作方式

应推行政府主导、市场化运作的开发、运行模式。在园区发展中，政府是管理者，园区管委会代表政府主要行使规划管理和协调服务等职能，鼓励社会化的公司参与或以公私合作方式进行园区开发建设。实行更加灵活的劳动、人事、薪酬制度，灵活地对园区工作人员等采取雇佣制、聘用制、岗位制、绩效制、年薪制等多种用工、薪酬制度，以吸引更多的优秀人才进入园区经营管理团队，更好地调动园区干部职工的主动性、积极性、创造性。应积极尝试公私合作（PPP）招商方式，实现"政府主导、企业运作、合作共赢"的市场化园区运作方式。

10. 盐城教育资源、医疗资源相对短缺，城市国际化水平和生活便利化程度相对不高，存在较严重的人才流失。盐城市应优化教育、医疗环境和就业环境，吸引高层次人才聚集

盐城教育资源、医疗资源相对短缺，城市国际化水平和生活便利化程度相对不高，难以集聚大量中高端人才。以领军型创新人才为例，据 2014 年统计，全市规模以上工业企业的科研机构中，博士毕业、硕士毕业、本科毕业人员分别是798 人、2 032 人、8 310 人，分别占全省同类研发人才总数的 8.2%、4.2%、3.0%，比例明显偏低。盐城 5 所高等院校中仅有 2 所本科院校，毕业生就业地区大部分选择苏中、苏南和上海，培育和留住中高端人才的能力相对不足。盐城籍的研究生、本科生学成后回盐城工作的比例不足 40%，并且每年还有 2 000 多名在盐工作的中高层管理人员离开盐城。

（二）产业评价内容提要

1. 汽车产业（开发区）

优势：产业体系较完备，龙头企业实力强，产业集聚初步显现，新能源汽车研发具备一定实力。

劣势：韩系汽车竞争力有所下降；韩系企业自成一体；本地配套企业处于产业低端，"集而不群"；汽车后市场产业层次偏低，系统集成性差，处于初级阶段。新能源汽车处于"幼童期"，产业生态没有形成。

策略：推动汽车产业开放，提高关键零部件配套率，打

造汽车零部件产业高地；整合汽车后市场，构建产业新生态；抢占新能源汽车技术制高点，提高核心竞争力

2. 新能源装备产业（大丰、东台、阜宁）

优势：产业链初步形成，龙头企业带动性强，新能源装备产业发展迅速，创新载体落地。

劣势：基础设施和服务体系不完善，核心技术缺乏，产业链条短，光伏市场竞争激烈。

策略：发展"新能源+"，构建区域创新网络，促进科技成果转化，打造关键零部件集群，提升区域核心竞争力。

3. 机械装备制造产业（盐城市）

优势：产业集聚基本形成，龙头企业知名度较高，产品竞争力较强，企业创新载体配套较为完善。

劣势：集中度低，核心企业带动性弱；同质化高，"精、深、特"少；自主开发能力弱，原创性技术少；产业处于"三小"阶段，市场掌控能力差；"三高"人才少，技术装备水平低；产品技术含量低，附加值低；关键基础件加工能力薄弱，高水平的研发中心缺乏。

策略：支柱产品智能化、高端化，特色产品精深化、品牌化，新型产品规模化、集群化。

4. 大数据产业（城南）

优势：产业链初步形成，重大项目多，创牌创新平台获得突破，数据资源丰富。

劣势：资源汇聚和整合能力欠缺，高层次专业人才少，核心研发单位较少，领军企业缺乏。

策略：完善产业链，做大规模；实体产业与大数据融合，明确区域特色；引进"瞪羚企业"，构建特色生态系统；制定激励政策，招引人才。

5. 智能终端产业（盐都）

优势：产业发展思路明确，产业集聚初步形成，智能化技术平台初步构建。

劣势：龙头企业少，专业人才缺乏，提供智能化解决方案的能力不足，核心技术、关键软硬件依赖国外厂商。

策略：完善产业体系，做大规模；走高端路线；发展智能穿戴设备；增强产业融合，促进产业升级；引进高端人才，构建智能化服务体系。

6. 环保产业（亭湖、阜宁）

优势：产业特色鲜明，领军企业强势入驻，高端研究机构和尖端人才集聚，协同创新机制初步形成。

劣势：领军企业落地项目规模较小，产业带动性差；产业层次低，同质化程度高；系统集成性弱，良性循环难；理论创新成果多，落地少；政策落实不到位，扶持力度弱；高端生产要素少，配套能力差。

策略：提高集中度；强化特色，集成系统；引进"三高人才"，加大成果转化力度；增强服务配套能力，推进环保系统解决方案的形成。

7. 绿色照明产业（建湖）

优势：产业链体系完整，产品竞争力强，产学研联系紧密，技术转化能力强；拥有行业标准制定权，品牌知名度高。

劣势：产品层次偏低，产业升级压力大，品牌覆盖面窄，龙头拉动能力弱，外销份额占比偏大。

策略：构建市场快速反应机制，引导产业走向高端，扩大品牌覆盖面，培育领军企业。

8. 纺织产业（盐城市）

优势：产业链条上的各环节基本完备，产业集群特色鲜明。

劣势：产业整体小而分散，集中度低；设备较为落后，技术结构层次低；产品档次低，附加值不高；产业链条短，盈利空间小；科技开发能力弱，发展后劲不足；社会化服务水平较低，公共服务体系不健全。

策略：推进"三化"战略，重构产业价值新生态，打造高端特色产业集群，发挥大企业带动作用。

9. 化工产业（滨海、阜宁、大丰）

优势：产品特色鲜明，规模企业实力强，实现减量排放，构建信息监测体系。

劣势：企业数量多，单体体量小；关联度弱，配套差；产品同质化严重，技术含量低；研发投入不足，公共研发机构是空白；大企业装备水平较高，中小企业靠人工控制；要素制约较重，出现"三难"现象；服务功能弱。

策略：推进资产重组，完善特色产业链条，促进产业升级，完善园区运营体系，强化安全管理。

10. 农产品加工产业（东台市）

优势：产业特色化，产品品牌化，生产加工园区化，龙头企业引领化，产业体系化。

劣势：产业系统集成化弱，信息服务集成度低，加工成本增长快，研发和创新能力有限，专用原料少，高端技术装备水平整体落后，企业规模偏小。

策略：原料专用化，产业融合化，加工精深化，企业规模化，产业生态化，信息集成化。

11. 海洋生物产业（大丰）

优势：产业发展方向明确，海洋生物资源丰富，产业集群初具规模，创新平台体系初步构建。

劣势：产业链条不完善，配套不全，产品低端，技术转化成果少。

策略：做大规模，做精产品，做特产品。

12. 金属新材料产业（响水）

优势：产业特色鲜明，产业体系初步形成，重大项目众多，研发平台落地。

劣势：产能置换问题突出，环保审批难度大，招商引资难。

策略：完善产业链条，加快工艺升级，推进战略重组。

（三）工业发展环境分析内容提要

1. 市域环境

优势：①工业强市基础不断夯实，工业主导地位巩固。2015 年全口径开票销售达到 4 279.5 亿元，工业增加值占全市比重 40% 左右；2018 年全市实现工业全口径开票销售 5 528.7 亿元，增长 17%，高于全省平均水平 4.3 个百分点，工业总量仍领先于苏北各市。大企业集团加快发展，超百亿元工业企业达到4家，上市10家，"新三板"20家；2016年全市在建10亿元以上重大产业项目10项；工业生态环境得到稳步改善。②工业转型成效逐步显现，产业结构持续优化。截至2018年年底，全市5亿元以上制造业项目56项，较上年同期增加24项。全市在建亿元以上重点工业项目379项，当年完成投资668.2亿元，超过年度计划的1.2个百分点。其中新开工亿元以上工业项目205项，当年完成投资364.5亿元，项目数比年度计划多5项；竣工亿元以上项目200项，累计完成投资357.2亿元。创新转型不断推进。具有研发机构的大中型企业中，47家为国家火炬计划高新技术企业，384家为国家高新技术企业，新增国家级技术中心4家、省级84家，省级以上累计达109家，居苏北第一。绿色发展成效显著。

劣势：①智力资源成为制约瓶颈，创新型高端科技人才匮乏。博士硕士人才集中于驻盐几所高校，省双创团队、双创人才和企业博士硕士人才集聚项目载体少。全市科教创新机构聚集水平不高。即使落地盐城的科研机构，也没有形成具有互补性、系统性的产业集群，科研成果的当地转化率不高。②金融支持力度亟待提高。截至2018年8月末，全市贷款余额3 839亿元，较年初新增461.55亿元，尽管工业贷款增速列全省第一，但增量仅占全部贷款增量的 5.8%，其中制造业贷款较年初仍呈减少态势。③物流发展水平总体较低、物流成本高、周转率低。④生产性服务业供给严重不足。服务知识含量低。企业规模小，人员少，高端人才更少，作坊式生产。

2. 县域环境

优势：①县域工业成为全市重要支柱。2018 年，县域规模以上工业企业实现的增加值占全市比例达到 51%，实现的地区生产总值达到 1 178.31 亿，占全市比例达到 56.44%。②县域工业产业特色不断显现。

劣势：①经济结构调整任务艰巨。工业经济产业层次和技术含量低，龙头企业带动力弱，盐城百强企业分布县级以下占 53%，百亿元以上仅 1 家，20 亿元以上仅 5 家，10 亿元以上仅 18 家；县域工业产业品牌较少。②金融支持力度明显不够。县域金融信贷发展普遍收紧，中小企业融资难，制约企业发展。③县域人才资源极度稀缺。

（四）工业发展策略

1. 拓展新空间，构建全方位发展格局

（1）优化产业布局，集约城市发展空间。实施重点产业聚焦战略。选择三个重点方向：一是信息技术产业领域，包括新一代通信设备技术、大数据技术、物联网技术、云计算技术、智能化制造技术等产业领域；二是新能源产业，包括新能源汽车和光伏产业；三是环保、节能和资源综合利用产业。

（2）实施创新驱动，拓展内涵发展空间。树立企业是创新关键力量的理念，聚集创新智力和资本资源，完善创新治理和激励机制。

（3）推进"互联网+"，开拓虚拟经济空间。建设互联网公共服务平台，实施"互联网+"行动计划，加快改造信息基础设施。

（4）推进沿海开发，打造蓝色经济空间。持续推进沿海经济区建设，统筹协调港口建设。

（5）培育临空经济，开拓产业创新空间。培育发展空港经济。提前谋划高铁经济。

（6）加快开发盐田，扩大工业增长空间。盐田是工业重要后备空间，特别是响水的滩涂和盐田均为建设用地的土地储备资源。

2. 优化体制机制，释放工业经济活力，提升城市综合竞争力

（1）理顺园区行政管理体制，试行公私合作招商模式。建立高规格协调议事机构，由地方主要领导担任园区议事机构负责人。探索园区的省部市共建合作方式，实现各方共赢。赋予园区较高财政自主权，合理界定园区管理权限，创新园区的考核机制。

（2）大力支持企业创新，鼓励金融与科技结合。参考硅谷银行机制，构建"风险投资—科技信贷—资本市场"完整创新金融服务体系链。实现"技术—资金—产业"的结合。将创新驱动战略落实到位。

（3）优化投资营商环境，延揽高层次人才。从硬环境和软环境两方面同时着手，为企业的发展做好引领服务，制定更具针对性的政策以延揽高层次人才。

（4）提升城市综合竞争力，强化工业发展支撑。

序言

　　盐城是中国长江三角洲城市群中重要的Ⅱ型大城市，是中国东部沿海重要的汽车城和港口城市。目前盐城工业正处于转型提升、创新发展的关键时期。盐城的支柱行业产业链比较完善，具备较好的工业发展基础。但与苏南发达地区相比，盐城创新能力不足，城市化水平较低，城市综合竞争力偏弱。

　　城市综合竞争力是决定资金、技术、人才流向的主要原因。城市综合竞争力体现为一个城市的吸引力、创新力、整合力和辐射力，它是一系列综合因素如城市的综合经济实力、综合服务功能、综合管理水平等共同作用的结果。工业强市要发展，不仅应立足工业本身，更应从提升城市综合竞争力入手，集聚资金、技术、人才，有针对性地解决突出矛盾和问题，紧紧抓住重大机遇，妥善应对风险挑战。

经济发展定位不能脱离一个地区的资源特点、经济发展演进规律和经济发展水平。盐城的区位特点、城市发展水平和发展进程决定了工业相对服务业发展的优先地位。盐城工业处于发展中期，工业产品具有广阔的外部市场。相对于工业，盐城服务业具有较高的区域封闭性，辐射能力不强，服务业发展空间受制于工业，对工业发展具有一定的被动适应性。因此，立足实际，工业经济增长仍将是盐城经济发展的重要驱动力，在较长的时期内，盐城的定位仍应是生产制造中心。盐城应结合自身的资源禀赋，发挥工业经济的带动作用。

加速推进盐城工业化进程是盐城实现"聚焦产业强市，坚持生态立市，着力富民兴市"的重要举措。本书选择与盐城地缘相近或工业发展进程相似的南通、泰州、常州和嘉兴市作为对比城市，对盐城市工业强市发展进程进行评价，对各市、区、县的产业发展环境进行了总体评估，提出了相应的改进措施。

评价的主要目的是更好地规划未来，更好地提高盐城的城市综合竞争力。要促进盐城工业发展，我们仍需深入思考一系列重大问题。放眼全球，中国制造业发展面临多重挑战，成本优势面临东南亚国家的威胁，高端制造业面临欧美"再工业化"的竞争。在此宏观背景下，盐城制造业应如何破局？出路之一是弥补中、高端制造业的相对劣势，逐步实现智能制造、服务型制造、绿色制造；出路之二是千方百计降低制造企业各项成本，延长低端制造业的比较优势周期；出路之三是继续发挥盐城区域的比较优势，发挥港口、土地资源、成本、环境、产业链、人力资源等方面的综合比较优势。

支柱产业在工业经济系统中具有较强的前项、后项和旁侧关联效应，对其他产业或工业行业能够起到支配或明显的带动作用。这决定了支柱产业的选择应该充分体现地区和行业比较优势，这对建立合理的地域分工体系和实现区域经济持续协调发展具有重要影响和重大意义。汽车、机械等行业在盐城工业经济中占有较大比重，具备支柱产业的基本条件，但支柱产业选择还具有较强的动态性。在工业发展的不同时期和不同阶段，我们应密切关注产业的比较优势及需求的收入弹性。汽车产业经历了一轮快速增长期之后，逐步步入平稳发展期，目前盐城汽车产业面临一定的难题，盐城应更加注重对整车及零部件投资的开放，吸引多元增量资源，构建大产业、大格局。

围绕"打造创新链，提升价值链，健全产业链"的总思路，盐城应加快集聚优质创新要素，大力发展支柱产业，强化特色产业。随着城市发展环境的不断改善，我们相信，盐城这座不断奋力前行、富有朝气和活力的城市一定能走出一条富有特色的新型工业化道路，以新型工业化带动全市实现新发展！

蒋优心

2020 年 12 月

目录

一、盐城工业发展阶段分析

　　工业强市是指一个城市的工业在市域的社会经济发展中具有重要地位和影响力，在市域竞争中处于强势地位，其工业发展生态、工业竞争力发挥示范和引领作用。2018 年，盐城地区生产总值初步核算数为 5 487.08 亿元，根据钱纳里的工业化时期与阶段划分，盐城市已经进入工业化后期阶段①，落后于苏中的发达经济的后工业化社会阶段，也落后于苏南的发达经济的现代化社会阶段。

　　钱纳里根据经济发展的长期过程考察了制造业内部各产业部门的地位和作用的变动，揭示制造业内部结构转换的原

---

　　① 人口数据来源于 2019 年的盐城市统计年鉴的数据。人民币对美元汇率数据取 2018 年人民币对美元汇率中间价日数据的平均值，数值为 6.85。美国物价指数取美国年度 CPI 同比数据，据此折算，盐城人均地区生产总值折算成 1970 年的美元，为 1 530 美元。钱纳里认为人均收入为 1 120~2 100 美元，则社会进入工业化后期。

因，即产业间存在着产业关联效应，为了解制造业内部的结构变动趋势奠定了基础。他通过深入考察，发现了制造发展受人均 GNP（国民生产总值）、需求规模和投资率的影响大，而受工业品和初级品输出率的影响小。钱纳里将产业发展分为六个阶段：第一阶段是不发达经济阶段，产业结构以农业为主，没有或极少有现代工业，生产力水平很低；第二阶段是工业化初期阶段，产业结构从以农业为主的传统结构逐步向以工业为主的工业化结构转变，工业中则以食品、烟草、采掘、建材等初级产品的生产为主，这一时期主要以劳动密集型产业为主；第三阶段是工业化中期阶段，制造业内部从轻型工业的迅速增长转向重型工业的迅速增长，非农业劳动力开始占主体，第三产业开始迅速发展，也就是所谓的重化工业阶段，重化工业的大规模发展是支持区域经济高速增长的关键因素，这一阶段大部分产业属于资本密集型产业；第四阶段是工业化后期阶段，在第一产业、第二产业协调发展的同时，第三产业开始由平稳增长转为持续高速增长，并成为区域经济增长的主要力量，这一时期发展最快的是第三产业，特别是新兴服务业，如金融、信息、广告、公用事业、咨询服务等；第五阶段是后工业化社会，制造业内部结构从以资本密集型产业为主导向以技术密集型产业为主导转换，同时生活方式现代化，高档耐用消费品被推广普及，技术密集型产业的迅速发展是这一时期的主要特征；第六阶段是现代化社会，第三产业开始分化，知识密集型产业开始从服务业中分离出来，并占主导地位，人们消费的欲望呈现出多样性，追求个性。

按照钱纳里的发展阶段划分，盐城工业进入工业化后期的结论显然过于乐观，它仅是对盐城工业经济发展的总体认识，不能全面深入地反映盐城工业结构、比例关系，以及产业发展生态。具体表现为：

一是盐城工业发展的总量仍然偏低。盐城以全省16%的土地面积和10.7%的人口，仅创造出全省6%的地区生产总值。据可查数据，2018年盐城市全市规模以上的工业企业生产总值为8 518亿元，都不及苏州县级市昆山市2016年的生产水平（9 036亿元）。据统计，2015年盐城市全市工业总值仅相当于昆山同年的40%；与工业发达国家的城市相比则差距更大，工业发展的空间巨大。

二是创新能力明显较弱。盐城高新技术产业的产值仅占全省的4%，万人有效发明专利数量为2.43件，仅相当于全省平均水平的14.3%，（国家级）高新企业仅为苏州市的1/10。

三是盐城工业在区域分工、全球分工体系中所在的层次较低。现有工业企业大都是以普通零部件加工或产品组装为主，大部分产品生产都集中于"微笑曲线"的低端，较少涉及产品概念、研发设计、品牌经营、生产性服务等"微笑曲线"的高端位置，高端创新要素集聚严重不足，企业研发投入强度不高，产业发展的核心技术相当缺乏。

除了钱纳里的划分方法之外，经济结构评价法也是评价工业发展进程和发展水平的方法，但经济结构评价方法更适用于经济总量相对较大，能够在一定程度上自成体系的地区或经济体，并不能完全适用于对单一城市的评价。在全球专业化分工的今天，一个地区有可能会成为全球分工体系的一个节点，其工业结构可能因分工不同而不同。一个地区有可能因分工的不同更侧重于某一类产业，如重化工业或电子信息产业，各类产业也不可能按照某一结构齐头并进，因而各个城市不同产业的各项比重并不能一概而论。因此，对于高度开放的较小经济单元，结构评价也只能为我们提供一个粗略的参考。

因此，对盐城市工业发展水平和发展阶段的评价有待采用更为精细的方法。本课题对盐城工业强市的评价指标包括质量效益、创新能力、两化融合、结构调整及绿色发展等指标。这些指标重点反映地区工业发展的水平和层次。

（一）盐城总体经济概况

盐城市地处江淮平原东部，江苏省中部，属于浦东经济开发区，在长江三角洲辐射区域范围内。其东临黄海，南与南通市、泰州市接壤，西与淮安市、扬州市毗邻，北隔灌河与连云港市相望，区域内有着得天独厚的土地、海洋和滩涂资源，是江苏省境内土地面积最大、海岸线最长的地级市。盐城市的地形以平原为主，南北范围内受长江、黄河携带的泥沙影响，经多年海潮、风浪作用形成大面积的天然滩涂。截至 2018 年年底的统计显示，全市土地总面积 16 931 平方千米。其中，沿海滩涂面积 680 多万亩（1 亩 ≈ 666.67 平方米，下同），占全省沿海滩涂面积的 75%。同时，盐城市的地理位置东临黄海，区内具有绵长的海岸线，全长 582 千米，占全省海岸线总长度的 61%。另外，目前射阳河口以南沿海地段还在以每年数十平方千米的速度向大海延伸，享有"黄金海岸"的美誉，是江苏省境内最大、最具潜力的土地后备资源。

交通运输是国民经济发展和区域经济发展的基础性保障。

从交通运输方式来看，盐城市辖区内海、陆、空交通便捷，已基本形成高速公路、铁路、航空、海运、内河航运五位一体的立体化交通运输网络。区域内拥有盐城市南洋机场、盐城市大丰港区和滨海港区三座国家一类开放口岸，是江苏唯一一个同时拥有空港、海港两个国家级一类开放口岸的地级市。截至 2019 年 4 月底，盐城空港开通国际、国内航线共 37 条，与国内 36 个城市建立了通航往来。针对陆运方面，区内新长铁路盐城站已开通全国客货运，盐靖、盐通、盐连、徐淮盐高速公路四通八达，实现区域内"县县通高速"的目标。另外，近年来盐城市不断加大城市建设力度，已建成全省第二个、江北首个城市快速公交系统（BRT），具有极为便捷的区域公共交通网络。

从长三角城市群的总体发展战略及区域经济发展数据来看，盐城是沪、宁、徐三大区域中心城市 300 千米辐射半径的交汇点，是江苏沿海区域的中心城市、长三角新兴的工商业城市及湿地生态旅游城市。同时，其也是江苏省委、省政府确定的"重点发展沿江、大力发展沿海、发展东陇海线"的三沿战略及"海上苏东"发展战略实施的核心地区及"京沪东线"的重要节点，是国家沿海发展和长三角一体化两大战略的交汇点。因此，从沿海城市总体发展战略层面来看，盐城市在区域经济格局中具有独特的区域优势。在巨大政策及经济格局优势的背后,盐城市也不负众望,多年来总体经济保持稳定增长。截至 2018 年年底核算的统计数据显示,全市实现地区生产总值 5 487.1 亿元,总量位居全省第 7 位,三次产业增加值比例为 10.5:44.4:45.1,人均地区生产总值达 75 987 元。

(二) 盐城经济与省内外城市的横向比较

江苏的经济发展处于全国前列,盐城经济总量从江苏省各市的排名来看,处于中等水平,但从经济总量的绝对水平来看,与苏南差距很大。虽然如此,但将盐城放在全国范围内来看,仍具有一定竞争力。2018 年盐城市地区生产总值总量已经可以比肩沈阳、石家庄等部分中等发展水平省份的省会城市了,并且经济总量呈现逐年稳步递增的良好趋势。

从常住人口规模来看,盐城属于江苏省的人口大市(见图 1)。根据图 2 中 2018 年江苏省内 13 市的人均地区生产总值排名数据,盐城市与苏北各市之间差距并不明显,但却远不及苏中、苏南诸市。

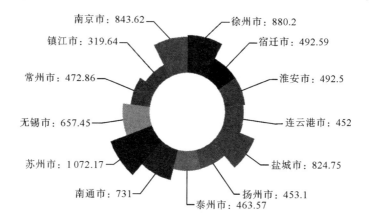

图1　2018年江苏省13市户籍人口分布图（单位：万人）

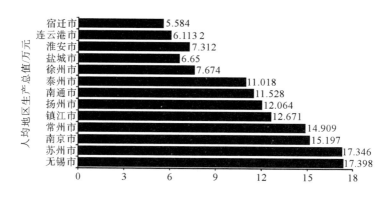

图2　2018年江苏省13市人均地区生产总值

为进一步分析盐城在区域经济中的具体地位，我们分区域（苏南、苏中、苏北）对人均地区生产总值、人均可支配收入、人均消费支出及社会消费品零售总额等数据进行对比分析（见图3~图11）。

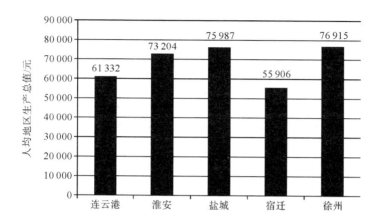

图3　苏北地区2018年人均地区生产总值

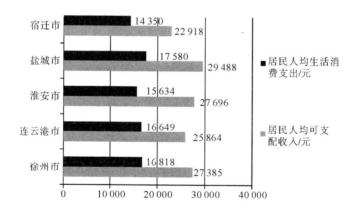

图4　2018年苏北地区居民收入和消费情况

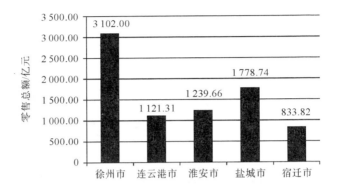

图 5　2018 年苏北地区社会消费品零售总额

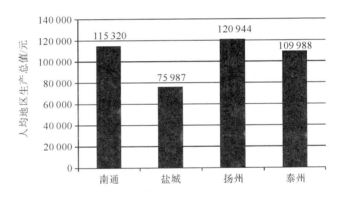

图 6　苏中地区 2018 年人均地区生产总值

推动产业升级 提升城市竞争力——盐城工业强市评价及分析

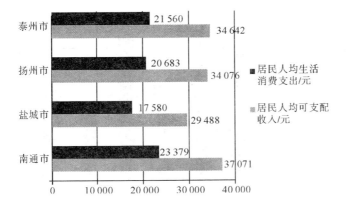

图 7　2018 年苏中地区居民收入和消费情况

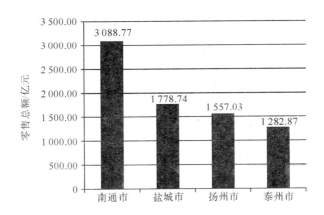

图 8　2018 年苏中地区社会消费品零售总额

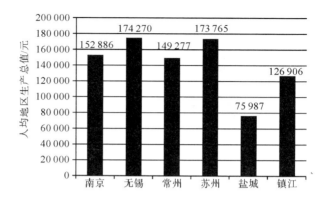

图9 苏南地区 2018 年人均地区生产总值

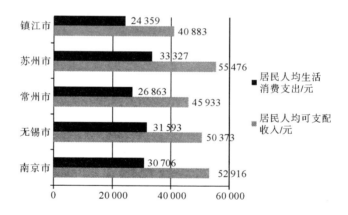

图10 2018 年苏南地区居民收入和消费情况

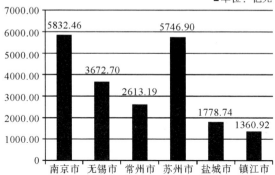

■单位：亿元

图 11　2018 年苏南地区社会消费品零售总额

对比以上 9 组指标数据我们可以发现，盐城市的上述量化指标虽在苏北前列，但百姓收支水平显著低于徐州。我们将盐城的四组量化指标放入苏南、苏中对比组，结果不难看出，盐城与苏南、苏中诸市的居民消费指数差距不大，与苏中消费品销售总额差距不大，但人均地区生产总值和人均可支配收入与苏中、苏南诸市差距仍甚远，说明盐城老百姓生活水平不及苏南、苏中诸市老百姓的生活水平。

此外，还有一个反映经济状况的重要指标为市政经费的收支状况。据统计，2018 年江苏省一般公共预算收入完成任务量总额为 8 630 亿元，较 2017 年净增长 458 亿元，同比增幅约为 5.6%。其具体到各地级市的地方财政收入状况如表 1 所示。表中数据反映，苏州、南京、无锡三市的财政收入总量占到了省财政收入的一半，苏中、苏北相对较低。

表 1　江苏省各市 2018 年地方财政收入及增量数据表

单位：亿元

地区	2018 年	增量	地区	2018 年	增量
苏州	2 120	211.9	泰州	357	13
南京	1 470	198.1	扬州	340	19.8
无锡	1 012	82	镇江	302	17.7
南通	606	15.4	淮安	247	16.4
常州	560	41.2	连云港	234	19.2
徐州	526	24.4	宿迁	206	5.4
盐城	381	21			

截至 2018 年年底，江苏省境内在籍工业企业数量共计 45 414 个，其中规模以上中小型工业企业共计 44 530 个，占全省规模以上工业企业的 97.5%，虽同比上年减少 2 356 个。其中，包含亏损企业共计 6 468 个，亏损面 14.5%，高于去年同期 2.8 个百分点，总体呈现出"高开低走、逐步平稳，且稳中有进"的良性发展态势。

对比图 12 的江苏省三个地区的三组数据可知，全省工业企业仍以小微型企业为主体，并且多集中于苏、锡、常等苏南地区，2018 年实现利润 4 853.3 亿元，虽然工业企业数量不增反减，但区域工业产值同比增长 7.9%。传统的机械和石化行业仍占据区内工业的主导地位，机械、轻工、石化和纺织四大行业支撑作用显著，其主营业务收入均超过7 000亿元，总体收入突破万亿元大关；建材、冶金和医药行业业务收入增长幅度均突破10%。

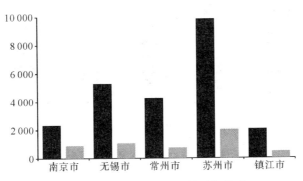

（1）江苏省南部地区

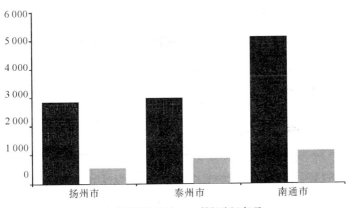

（2）江苏省中部地区

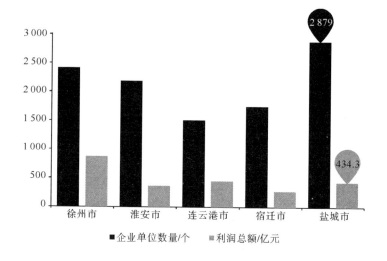

■企业单位数量/个 ■利润总额/亿元

（3）江苏省北部地区

图 12　江苏省规模以上中小型企业数量分布及利润总额

　　2018 年全省规模以上民营工业企业 35 158 家，同比增长 4.1%，新增私营企业和个体工商户合计 158.5 万户，同比增长 7.1%，其中个体工商户 109.5 万户，新增注册资本突破 2.6 万亿元，企业纳税额度超过 9 000 亿元。民营资本在积极应对经济下行压力的同时，民营工业保持平稳健康发展。

二、工业强市指标评价

（一）评价理论依据和实践经验

1. 理论依据

（1）生产要素决定论。

这种观点强调国家或地区的竞争力主要由资本、劳动力、技术、制度（管理）等一种或几种生产要素决定。其中的主流观点是由挪威学者范杰伯格（J·Fagerberg）以熊彼特创新理论为基础，集中分析技术（R&D 投入与专利数量）、价格和生产能力三因素对工业竞争力的影响，得出的技术和生产能力较传统生产要素更能够促进工业增长的结论。在此基础上，卡罗·达曼（Carl Dalman）从技术变革角度把工业竞争力的影响因素分为八类：技术创新速度、新技术应用角度、商品生命周期长度及其市场应变能力、自动化程度、非技术劳动力作用程度、生产原料使用程度、生产组织方式变革程度及国际化程度，进一步深化了技术创新对提高工业竞争力的影响的研究。

（2）比较生产力决定论。

该理论观点主要从要素资源配置效率入手，以研究工业竞争力的来源。国内著名学者金碚从产业国际竞争力的角度分析得出：在市场经济中，经济活动（特别是产业活动）的关键因素是生产效率和市场营销，所以产业国际竞争力最终通过衡量和检验产品的市场占有份额来确定；而在工业社会中，服从经济化的价值准则，即追求最大的经济效率，以尽可能少的投入获得尽可能多的产出是人类活动的"中轴原理"。因此，产业竞争力归根到底就是同产业或同类企业之间相互比较的生产力。

（3）产品生命周期理论。

弗农（R·Vernon）从产品生命周期角度解释了工业区位分工。他的产品生命周期理论（product cycle hypothesis）认为：一切产品都有创新、成长与成熟、标准化及衰亡的生命周期。产品生命周期不同阶段对生产要素有不同的要求；与此相适应，不同的国家或地区由于生产要素的差异，因此其只能生产处于产品生命周期中某一阶段最好区位的产品。

（4）竞争优势理论。

美国哈佛大学商学院教授迈克尔·波特（Michael Porter）把产业作为研究国家竞争力的基本单位。他认为，国家的实力根植于该国产业和产业集群的表现，国家竞争优势也正是该国许多产业发展的综合表现，即产业竞争优势的集合。国家之间的经济竞争实质上是各国产业之间的竞争。

2. 实践经验

一个国家或地区工业实力主要取决于自然资源禀赋、工业管理经验（企业家创新能力）、工业部门的竞争程度及支持工业发展的基础设施完善程度。对此，世界经济论坛（WEF）和洛桑国际管理开发学院（ZMP）研究发现，工业实力及工业竞争力的提升是通过各种要素有效配置共同决定的，只是在不同的发展时期，不同要素在发展社会经济、提升竞争力方面的重要性不同。脱离国家或地区经济发展的条件和背景而突出强调一种或几种要素的作用，或者片面强调一种或几种要素的作用而忽视生产要素在生产过程中的社会结合和综合作用，都会导致工业发展脱离实际，同样，也会影响工业强市评价的指导意义。

本次评价指标体系的构建符合"中国制造2025""江苏制造2025"的指导方针，反映时代特征，特别是盐城市第七次党代会对盐城市当前社会经济发展的判断与战略部署，最终能为实现盐城市政府的工业发展战略目标服务。在评价过程中，我们借鉴了"中国县域经济100强排名"、《中国制造2025江苏行动纲要》指标体系和《浙江省2015年度工业强县（市、区）综合评价报告》的评价方法；同时结合实际，认真分析了盐城目前工业经济发展生态、特点和趋势，充分考虑盐城工业经济特色、现实状况和主要的约束条件，实事求是地对盐城市工业强市及工业强县（市、区）的发展进程进行客观评价。在进行各项指标设计时，尽可能考虑其纵向比较（与往年数据相比）的可比性和横向比较（与国内外、江苏平均水平比较或与盐城类似地区的相互比较）的可比性，以便对工业强市及工业强县（市、区）的发展进程和差异进行深入分析和评价。

（二）工业强市指标评价内容

本次工业强市及工业强县（市、区）综合评价的对象包括盐城市及其下属 11 个县、市、区（包括开发区、城南新区）的工业行业。

综合评价包括五项一级指标，各项指标具体含义如下：

（1）质量效益。质量效益反映的是在一定时期内一个地区的工业整体实力、发展基础和这个地区在未来一定时期内工业发展的后劲，包括工业增加值、工业应税销售额和固定资产进项税额抵扣三个二级指标。

（2）结构优化。结构优化反映工业在国民经济发展中的地位、工业发展层次、产业链的构建与集聚程度等。其主要包括工业增加值占地区生产总值的比重、工业企业从业人员占地区从业人员比重、高新技术产业占比、园区工业总产值所占比重四个二级指标。

（3）创新能力。创新能力由创新的投资强度、高端生产要素（科研人员）的占有量、创新成果及转化来表现。其主要包括研究与试验发展经费投入强度、规模以上工业企业

R&D 人员占比、每万人发明专利拥有量和高技术产业投资占比四个二级指标。

（4）绿色发展。绿色发展包括：一是要将环境资源作为社会经济发展的内在要素；二是要把实现经济、社会和环境的可持续发展作为绿色发展的目标；三是要把经济活动过程和结果的"绿色化""生态化"作为绿色发展的主要内容和途径。工业绿色发展主要通过工业固体废物综合利用率、单位工业增加值的能耗、单位工业增加值用水量和单位工业增加值二氧化硫排放量四个指标来衡量。

（5）两化融合。两化融合是指信息化和工业化的高层次的深度结合，以信息化带动工业化、以工业化促进信息化，走新型工业化道路；两化融合的核心就是信息化支撑，追求可持续发展模式。其主要包括大中型企业数字化设计工具普及率和互联网宽带普及率两个指标。

具体评价指标如表 2 所示。

表 2 盐城市工业强市评价指标体系

一级指标	二级指标
质量效益	工业增加值
	工业应税销售额
	固定资产进项税额抵扣

表2(续)

一级指标	二级指标
结构优化	工业增加值占地区生产总值的比重
	工业企业从业人员占地区从业人员比重
	高新技术产业占比
	园区工业总产值所占比重
创新能力	研究与试验发展经费投入强度
	规模以上工业企业 R&D 人员占比
	每万人发明专利拥有量
	高技术产业投资占比
绿色发展	工业固体废物综合利用率
	单位工业增加值的能耗
	单位工业增加值用水量
	单位工业增加值二氧化硫排放量
两化融合	大中型企业数字化设计工具普及率
	互联网宽带普及率

（三）评价步骤与方法

在评价指标体系的框架和各项评价指标确定之后，综合评价的实施由以下几个步骤组成：评价指标值的标准化处理、综合评价方法的选择及各一级指标和二级指标的权重的确定、各指标值的综合合成方法的确定。这涉及指标值标准化方法、综合评价和权重确定方法及指标值的综合合成方法的选择问题。本书采用层次分析法（AHP）来实现多层次指标权重的确立。首先，把复杂的系统分解为若干子系统，并按它们之间的从属关系分组，形成有序的递进层次结构；其次，通过就某种特性两两比较的方式确定层次中各个子系统的相对重要性；最后，综合判断决定各个子系统相对重要性的顺序。

（四）评价指标得分

如表 3 所示，根据评价结果，2015 年盐城工业强县（市、区）综合评价结果较虚拟标准值（以江苏 2015 年和江苏工业强省指标作为参考）而言达到及格水平。其中：

第一档东台市、大丰区、开发区远超过苏北平均水平，达到苏中各县（市、区）平均水平。

第二档为盐都区、亭湖区、建湖、响水和射阳共 5 个县（市、区），其得分处于苏北各县（市、区）前列。

第三档的滨海、阜宁和城南新区综合评价得分在 50 分以下，除城南新区受非工业化新城因素影响，其基础总量拖累总体指标外，滨海和阜宁总体指标仅达到苏北县（市、区）平均水平，有待进一步提高。

表3　盐城各县（市、区）指标排名及综合评价得分

档次	县（市、区）	质量效益	结构优化	创新能力	两化融合	绿色发展	综合评价得分
1	东台市	68.0	62.9	64.8	60.7	71.2	68.6
2	大丰区	66.7	60.7	66.7	62.8	76.5	65.9
3	开发区	65.7	56.8	51.7	71.9	52	61.3
4	盐都区	51.7	61.3	63	70.3	70.2	59.8
5	亭湖区	46.7	51	46.3	83.2	78	58.7
6	建湖县	55.8	50.7	53	57.9	47	56
7	响水县	64.0	40.4	53.6	44.8	30.3	55.4
8	射阳县	52.0	48.8	49.3	44.3	60.7	53.1
9	滨海县	50.1	44.5	56.4	42.2	55.4	49.5
10	阜宁县	50.7	47.5	41.5	44.3	39.6	48.8
11	城南新区	33.9	69.1	77.6	66	69.8	45.3

（五）指标对比分析

任何指标评估的进行都需要参照系，脱离适当参照系的指数数值评估往往缺乏实际效益，只有通过与适当参照系的对比分析，才能够看出盐城及其下辖县（市、区）的工业现

状与成就、发展不足以及改进的空间。参照系应该选择和盐城市具有一定可比性的城市，通常要有相似的地缘位置、城市人口、经济地位。如果参照系城市的工业太发达或者太落后，则无法直观体现盐城的相对竞争力，因此排除掉一级和二级城市，以及边远落后地区城市。从地缘位置来看，盐城的参照系应该选取长三角较发达地区的地级市；从城市人口和经济地位来看，盐城工业应该和苏中、苏南等地的结构与人口规模相当的城市进行对比。因此我们最终确定的参照系为规模相当的泰州市、同为江苏沿海 3 市之一的南通市、较为发达的苏南城市常州，以及浙江的嘉兴市，共 4 个地级市（见图 13）。对于盐城下辖 11 个县（市、区）中指标排名靠前的大丰和东台，我们选择了最新发布的中国工业百强县中的 3 个县作为其参照系，意在将其放到全国前列的样本中进行对比，认识到可能存在的差距，并明确发展方向。

1. 纵向对比分析

（1）实力不断增强。2015 年，盐城市规模以上工业增加值完成 2 061.3 亿元，工业全口径开票收入达到 4 279.4 亿；2016 年上半年，全市完成全口径工业开票销售 2 314.5 亿元，总量保持全省第六、苏北第一，同比增长 13.3%，高于全省平均水平 10.4 个百分点，位列全省第三。其中 6 月份当月开票销售同比增长 18.5%，位列全省第二。人均地区生产总值达58 299元（按 2015 年年平均汇率折算，约 9 350 美元），比上年增长 10.5%。

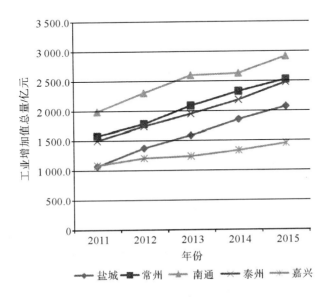

图 13 盐城、常州、南通、泰州、嘉兴规模以上
工业增加值总量（2011—2015 年）

（2）结构不断优化。如图 14 所示，2015 年第一产业、第二产业、第三产业的产业增加值比例为 12.3：45.7：42，"十二五"期间第一产业比重逐步下降而第三产业比重呈持续上升趋势，结构优化初步体现。但同时值得注意的是，"十二五"期间第二产业在盐城经济中所占比重呈现轻微下

降的危险趋势，即便排除该统计数据中的第二产业包括了采矿业和建筑业等干扰因素，此趋势仍然应该引起决策层的关注。

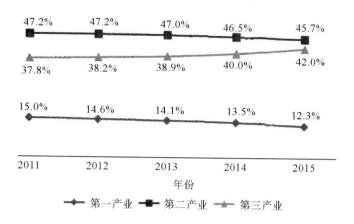

图 14 盐城"十二五"期间三次产业比重变化

（3）后劲不断积蓄。2015年，工业投资2 003.1亿元，比上年增长20.4%。投资结构进一步优化，全市第一产业完成投资39.1亿元，比上年增长18.4%；第二产业完成投资2 009亿元，比上年增长20.8%。其中，全市工业技术改革投资1 310.7亿元，比上年增长34.4%；高新技术产业投资520.4亿元，比上年增长26.2%；四大支柱产业投资1 364.3亿元，比上年增长24.4%。基础设施投资478.4亿元，比上年增长28.9%。其投资总额位列苏北第一，增长速度高于江

推动产业升级 提升城市竞争力——盐城工业强市评价及分析

苏省平均增长速度。

2. 横向比较分析

"十二五"以来，盐城市经济社会发展较快，但与参照系常州、南通、泰州和嘉兴对比，除规模以上工业增加值总量超过嘉兴以外，无论是主要工业规模指标还是经济运行质量均有不小的差距。

（1）综合实力上的差距。

①人均工业增加值水平低。如图 15 所示，2015 年，虽然盐城规模以上工业增加值完成 2 061.3 亿元，但人均水平仅为 2.85 万元，在五市排名中垫底，离第四名的嘉兴还差约 0.3 万元，与其他市的差距都在万元以上。

②地方工业企业利税前景堪忧。2015 年，虽然盐城市财政收入超过常州、泰州和嘉兴，在五市中列第 2 位，但人均水平不高。此外，盐城市一般预算收入质量不高，虽然规模以上工业企业税收收入在五市中排第三，但增速垫底（见图 16）。

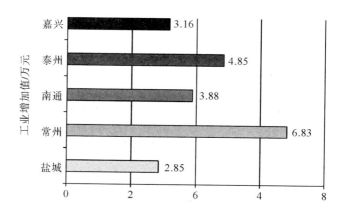

图 15　2015 年盐城、常州、南通、泰州、嘉兴

人均规模以上工业增加值

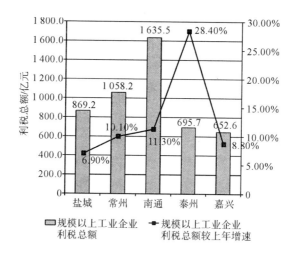

图 16　2015 年五市规模以上工业企业利税及增速

③用电规模小，单位用电效率处于中等水平。2015 年，

盐城市工业用电量 206.3 亿千瓦时,在五市中列第 4 位,仅高于泰州,但泰州人口不到盐城市的 60%。不过盐城市作为全国新能源试点城市,其风电、光伏等新能源产业和环保节能产业在一定程度上弥补了传统高能耗产业的负面影响。

④金融支撑弱,尤其是当地金融机构商业贷款在国有大型企业的集中度明显高于其他四市,对于中小型创新企业的金融支撑不足。

(2)主体经济上的差距。

①规模效益不高。在五市中,盐城市工业经济总量偏小。虽然 2015 年盐城市规模以上工业企业数为 3 080 家,在五市中列第二位,但规模以上工业增加值只有 2 061.3 亿元,在五市中排第四,仅相当于常州的 81.9%、南通的 69.2%、泰州的 83.6%,虽然超过嘉兴,但嘉兴人口仅为盐城的 56%。盐城市综合经济效益指数为 238.52%,而常州、南通、嘉兴、泰州分别是 275.69%、252.64%、224.74%、290.8%,除了嘉兴外,其他市均高于盐城市。盐城市企业盈利能力差,利润率在 5 个城市中最低(见图 17)。

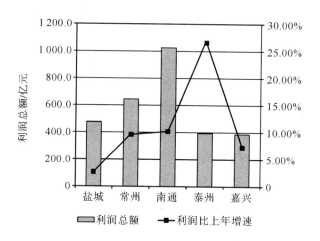

图17　2015年度5市规模以上工业利润总额及增速

　　②龙头企业数量少。2015年，盐城市超过10亿元规模的企业数量偏少，100亿~500亿元规模的企业只有3家，500亿~1 000亿元规模的企业有1家。

　　③创新能力不足。2014年，常州、南通、嘉兴、泰州大中型企业R&D经费支出比例分别达到2.8%、2.7%、3.0%和2.5%，2014年的盐城全社会R&D经费占地区生产总值的比重为1.72%，位列苏北第二，低于全省平均水平0.78个百分点。其中规模以上工业企业的R&D强度仅为0.9%。根据经济合作与发展组织《奥斯陆手册》的标准，只有强度达到5.0%以上的企业才具有较强的自主创新能力和竞争力；一个企业的R&D投入强度达到1.0%~4.0%，表示这个企业的创

新能力中等；如果企业的 R&D 投入强度低于 1.0%，表明其创新能力及竞争力较弱。同时，盐城科研人才数量也存在不足。据江苏省商务厅报告，2014 年度盐城规模以上工业企业的科研机构中，博士毕业、硕士毕业、本科毕业人员分别是798 人、2 032 人、8 310 人，分别占全省同类研发人才总数的 8.2%、4.2%、3.0%。盐城籍研究生、本科生毕业后回盐城工作的比例不到 40%，并且每年还有 2 000 多名在盐城工作的中高层管理人员离开盐城。

（3）县域经济发展中的差距。

多年来，盐城市县域经济对全市经济发展的贡献率较高，在苏北优势明显，但是平均水平低，各县（市、区）间发展不均衡。盐城全市范围内仅有东台市进入 2016 年中国工业百强县（市），排名第 92 位，比 2015 年进步 3 位，数量少且排名靠后。与之相对比，人口不到盐城一半的常州市下辖溧阳市排名 31 位，比上一年提高 16 位；人口只有盐城 60% 的泰州市有 3 个县级市进入百强榜：分别是 33 位的泰兴市、43位的靖江市、98 位的兴化市。嘉兴同样有 3 个县市进入百强榜：45 位的海宁市、63 位的桐乡市、88 位的平湖市。而南通市有多达 5 个县市进入百强榜，且排名靠前：排名 17 位的海门市、排名 38 位的启东市、排名 39 位的海安市、排名 44

位的如皋市和排名 51 位的如东县。

（4）中心城市作用上的差距。

中心城市对拉动一个地区的经济发展具有举足轻重的作用。"十二五"以来，盐城市委、市政府提出了"加快大市区发展"的战略决策，将大丰并入"大市区"经济圈内，盐城市中心城市作用逐步增强。从总量上看，2015 年盐城市大市区（包括大丰）全口径销售收入达到 2 182.4 亿元，占全市总量的 51%，在 5 市中位于前列。

然而中心城市不仅体现在市区的经济总量上，更反映在其对周边地区的辐射能力上。中心城市的经济辐射能力也称为中心城市的扩散功能，其辐射效应主要源于中心城市对其自身结构的优化和科技进步的推动。当城市经济发展到一定阶段，该城市会因技术进步带动产业升级，使传统产业不断向周边经济区转移。

与参照系其他城市相比，盐城市中心城市的辐射作用不强，主要体现在：

①产业科研辐射弱。盐城市中心地区除汽车产业外，亭湖区的环保产业面临产研结合的难题；城南新区大数据产业目前仍处于"输血型"发展状态，引入国内外知名企业完成"自我造血"迫在眉睫。

②人才辐射弱。盐城地区人均收入相对较低，与长三角人才高地上海的距离也是5市最远，而对南通和泰州的房价成本优势并不突出。这一系列因素不仅使得盐城难以吸引外地高端人才定居，也很难留住本地5所高校的毕业学生。据统计，盐城工学院2015届毕业生中仅15%选择留在盐城就业。

③金融辐射弱。盐城大市区金融集中度明显偏低，根据可获得的2012年数据，盐城大市区金融存贷款占全市比重为39.3%，而全省市辖区金融存贷款占全省比重为67.5%，其比平均水平低28.2%。

（5）经济运行质量上的差距（见表4）。

①工业处于全球产业链的低端位置。根据"微笑曲线"，利润主要集中在曲线的两边，即高端位置，一端是产品研发与设计，一端是产品的品牌和营销。由于发展的水平不同，在不公平的国际分工和价值分配下，发达国家集中于技术研发和品牌营销，占据了高端环节，获取高额的利润，而发展中国家则只能集中于一些利润少的加工环节。目前，长三角地区产业集中在全球产业链的中段，产业重叠严重，竞争力弱。即便在盐城11个县（市、区）范围内，工业投资都集中在几个产业区间内，并无差异发展迹象，不能形成整体协调效应。

表 4　2015 年盐城、常州、南通、泰州、嘉兴五市工业经济运行质量

城市	规模以上工业增加值/亿元	规模以上工业投入/亿元	工业用电量/亿度	人口/万人	工业增加值/人均万元	工业投入/人均万元	工业用电量/人均万度	单位电力增加值/元
盐城	2 061.30	2 003.10	206.30	723.54	2.85	2.42	0.25	9.99
常州	2 516.20	1 756.10	325.50	368.64	6.83	4.76	0.88	7.73
南通	2 977.50	3 004.68	253.00	767.63	3.88	3.91	0.33	11.77
泰州	2 465.38	1 634.60	175.52	508.51	4.85	3.21	0.35	14.05
嘉兴	1 449.01	1 118.26	329.20	458.50	3.16	2.44	0.72	4.40

推动产业升级 提升城市竞争力——盐城工业强市评价及分析

②新兴产业规模较小。虽然盐城市作为全国新能源和大数据产业的试点城市，市委市政府也在大力推广"5+5"规划，但传统产业仍占全市工业增加值的80%，响水县依赖德龙取得短期快速发展，但对周边地区的生态环境带来一定负面影响。各个县（市、区）的新能源产业都面临着不同挑战：开发区的新能源汽车暂不具备市场规模，技术水平也与比亚迪、北汽、奇瑞等国内先进水平公司存在差距；亭湖区的环保产业园的科研投入的市场成果转化率低；城南新区的大数据产业园急需招引优质企业入驻园区。

③能源产出效率不高。2009 年，盐城市每千瓦时产出的工业增加值为 9.99 元，在五市中列第三位。由于历史原因，常州是一个重工业城市，能耗较高，具有不可比性，但与南通、泰州相比，盐城市工业内部结构与其基本相同，轻重工业相当，但盐城市工业产出系数与这二市相比差距较大，尤其是南通，盐城市工业产出系数只有南通的 63.3%。电力弹性系数反映电力工业发展与国民经济发展之间的关系，是宏观经济学中说明发展总趋势的一种概括性指标，可以作为衡量电力发展是否适应国民经济发展的一个参数。2015 年，盐城市能源弹性系数在 0.43 左右，电力弹性系数为 0.93 左右，低于常州和嘉兴，但比南通、泰州分别高出 1.78 和 4.05 个

百分点。

④工业税收贡献率偏低。税收对财政的贡献率，不但决定着财政质量的高低，更重要的是决定着财政增长机制的稳定性。2015年，一般预算收入中税收收入占比，盐城市达到76.3%，在五市中列第三位，但与南通、常州相比差距较大。从各相关税税种上分析，工业税收、固定资产抵扣税等排名靠后。

（六）对盐城市工业发展的评价及结论

综合上述分析，笔者认为盐城尚处于工业化中期阶段，离完成工业化阶段任重道远。其具体差距体现在：

（1）盐城工业基础仍显薄弱，工业经济总量较之苏南多市有1倍以上差距，与工业发达国家相比则差距更大，工业发展的空间巨大。

（2）高端化工业竞争力弱。盐城的工业在区域分工、全球分工体系中位置较低，生产过程主要集中在加工组装环节，较少涉及产品概念、研发设计、品牌经营、销售及售后服务等高附加值环节，企业研发投入不足，缺乏产业发展的核心技术，高端创新要素有待进一步集聚。

　　未来 5～10 年，大力提升制造业水平，完善产业结构，促进产业升级换代，迈向"微笑曲线"的高端是盐城经济发展的重要主题，以制造业为主的工业经济仍然是盐城未来经济发展的主要驱动力。

三、盐城市工业竞争力分析

　　经济发展的根基在于产业，产业强则盐城强。盐城经济的发展不充分，实质上是产业发展不充分，突出表现为投资强度低、工业化程度低、创新发展水平低。全面建成小康社会，不走工业化道路不行，走传统工业化道路也不行。必须以创新作为引领工业强市发展的第一动力，使创新处于核心地位，促进产业迈向高端，以发展特色产业作为发展工业强市的重要抓手，走出富有盐城特色的新型工业化道路，以新型工业化带动盐城实现全面小康。

　　盐城要落实产业强市，应围绕"构建创新链、提升价值链、健全产业链"的产业发展总方针，加快集聚优质创新要素，在重点企业、产业基地、园区集中建设一批产业研究院、重点实验室、企业研发中心，使之成为创新种子基地；加强园区产业链配套功能，建立健全产品解决方案、信息咨询、电子商务、资本运作、风险投资等公共服务平台，使园区成为集聚优质生产服务性要素的高地，创新孵化基地；推动园区提档升级，集中力量打造一批产业高端、特色鲜明、集聚度高的龙头型园区，高端价值链建设示范基地；加快培育一批主业突出、竞争力强、成长性高的"专、精、特、新"企业和"小巨人"企业，强化产业发展后劲；提高支柱产业竞争力，带动盐城工业向中高端攀升，打造在江苏乃至全国具有竞争力和影响力的标杆产业。

大力支持新兴产业发展壮大，重点发展新能源汽车、节能环保、智能终端、高端装备与新材料等具有比较优势的新兴产业，尽快形成一批新的支柱产业和龙头企业；依托大数据产业园加快云计算数据中心和各类大数据应用平台建设，以现代信息技术促进工业强市发展；加快传统产业改造升级，以调高、调优、调强为取向，运用高新技术、先进适用技术和现代信息技术，改造提升汽车、机械、纺织、化工和农产品加工等传统支柱产业，积极实施大企业、大集团和品牌创建战略，促进传统产业高端化、品牌化、集群化发展；强化生产性服务业发展质量和效率，以产业转型升级需求为导向，以发展现代生产服务业集聚区为抓手，推动生产服务业发展提速、比重提高、质态提升，为盐城工业迈向"微笑曲线"高端、建成工业强市提供支撑。

（一）汽车产业（开发区）

1. 产业规模

汽车是盐城第一大支柱产业，盐城是江苏最大的乘用车生产制造基地，主要生产乘用车、专用车、新能源汽车。2015 年拥有整车企业 4 家，其中东风悦达起亚汽车产能 85 万台，实际产能达 100 万台；新能源汽车的生产能力近期达 10 万台，远期 15 万台。2015 年乘用车整车销量为 61.6 万辆，江苏奥新新能源汽车有限公司 2 025 辆，江苏悦达专用车有限公司 468 辆，江苏登达汽车公司新能源客车 85 辆。全市汽车产业实现开票销售 1 044.7 亿元。

2. 产业发展优势

（1）产业体系较为完备。盐城汽车产业围绕乘用车、专用车、新能源汽车的整车及汽车零部件生产与服务打造产业体系，其中乘用车系列以东风悦达起亚为核心，构建较为完备的产业配套体系；新能源汽车产业园启动区从 2.21 平方千米开始建设，园区已建成 7 万多平方米的研发中心和孵化基地，零部件配套涵盖电机、电控、电池、充电设施等核心部件，具备生产新能源汽车整车的生产能力，是全省第一家新能源汽车产业基地；专用车系列由江苏悦达集团和日本富士重工业株式会社合作成立悦达专用车有限公司为核心，引进国际领先的垃圾车生产、制造和管理技术，产品覆盖垃圾车、多功能扫路车、高压冲洗车等环卫车辆及一些关键零部件。

（2）龙头企业实力强劲。2015 年盐城百强企业中汽车产业占有 15 家，规模以上企业 125 家。其中悦达起亚（545.4 亿元）、摩比斯（179.4 亿元）销售收入均超百亿元大关，纳税金额超亿元的有 4 家，其中悦达起亚达 51.2 亿元，摩比斯 6.5 亿元，韩一模塑 2.101 0 亿元，佛吉亚 1.093 1 亿元。悦达起亚、摩比斯等作为产业龙头企业，对盐城整个工业发展起着不可替代的作用。盐城汽车产业企业销售收入统计及在全市 2015 年企业百强排名如表 5 所示。

表 5　盐城汽车产业企业销售收入统计及

在全市 2015 年企业百强排名　　单位：亿元

序号	排名	企业名称	2015 年	2016 年 1—8 月
1	2	东风悦达起亚汽车有限公司	545.4	380.1

表5(续)

序号	排名	企业名称	2015 年	2016 年 1—8 月
2	3	江苏摩比斯汽车零部件有限公司	179.4	121.7
3	12	江苏韩一模塑有限公司	26.6	19.2
4	17	江苏京信电子有限公司	22.3	17.4
5	19	江苏现代制铁钢材有限公司	18.5	14.0
6	21	星宇科技汽车部件(盐城)有限公司	17.7	14.4
7	28	江苏斗源汽车空调有限公司	14.0	10.3
8	30	盐城东国汽车配件有限公司	12.6	9.3
9	31	江苏斗天汽车配件有限公司	11.2	9.0
10	33	佛吉亚(盐城)汽车部件系统有限公司	10.4	8.9
11	40	盐城大圆汽车配件有限公司	9.9	11.2
12	44	盐城世钟汽车配件有限公司	8.9	6.7
13	51	伟巴斯特东熙汽车配件(盐城)有限公司	7.4	6.4
14	55	利富高(盐城)精密树脂制品有限公司	7.1	6.5
15	59	江苏东西发动机配件有限公司	6.7	4.5

(3)产业集聚初步显现。盐城围绕整车、零部件、汽车服务业"三个千亿"产业的目标,积极打造集汽车制造、汽车后市场、汽车文化、汽车旅游为一体的东部沿海汽车城。

在汽车制造方面，围绕三大整车特别是东风悦达起亚和新能源汽车为核心的零部件和整车制造构建了完整产业体系，基本形成了集研发、整车、零部件、汽车服务业一体化的全产业链。盐城市现拥有汽车零部件配套企业超 300 家，主要集中在经济开发区各相应的产业园区，以及亭湖区、盐都区等，已经初步显现产业集聚效应。

在后市场方面，盐都区全力打造盐城东方汽车广场后市场集聚区，主要包括：针对传统的后市场，集聚汽车 4S 店 31 家、2S 店 32 家，汽车贸易、二手车交易、汽车金融保险、美容改装、汽车用品等销售及售后服务企业 205 家。2015 年实现汽车消费服务营业总额近 60 亿元。针对"互联网+汽车"，与苏宁云商合作建设"东方汽车文化馆"，创新"互联网+汽车"营销模式，全面推行 DCC 营销模式，建设盐城汽车智慧产业园，利用电子商务公共服务平台，把汽车广场所有 4S 店的信息纳入进来，进行大数据采集和分析，助力汽车服务精准营销，未来将入驻 30~50 家"互联网+汽车"企业，推动盐城汽车服务业"智慧化"发展。针对精品车综合市场和汽车售后服务市场，盐城市与杭州海外海集团合作新建集二手车交易、汽车配件用品、快修美容、金融保险、汽车会展、电商交易平台及综合服务功能于一体的汽车后服务市场。

在汽车文化、汽车旅游方面，盐城经济开发区着力打造汽车工业现代文明，以吸引全省各地学生和旅游团前来参观旅游，打响东部沿海汽车城的品牌。

（4）新能源汽车研发具备一定实力。由奥新公司牵头，盐城市采取开放化、市场化、国际化、多元化合作模式，成立了长三角新能源汽车研究院，引入 18 所高等院校、12 家科研院所、24 家高新技术企业、51 位领军人物和 200 名研发人员，形成"一院一盟十所（中心）"的研发创新体系；重点围绕车身及底盘轻量化技术、高性能动力电池、动力总成及整车控制系统等关键技术和核心部件开展研发攻关，累计申报专利 200 多项。2015 年国内首辆具有自主知识产权的碳纤维新能源汽车在盐城新能源汽车产业园成功下线。盐城师范学院建成新能源化学储能与动力电源研究院，获国家专利 10 多项，储能与动力电池快速充电及管理技术处于国内领先。盐城工学院联合江苏悦达集团有限公司、盐城市政府有关部门合作建成江苏沿海新能源汽车研究院，获国家专利 17 项。

3. 产业发展机会

（1）新消费者不断增加，亚洲市场增长后劲十足。根据皮尤研究院的研究，亚洲人的生活不断改善，中产收入不断增长，自 2011 年至今，全球中等收入的人群几乎增加了一倍，大部分集中在亚洲。

（2）汽车消费首先复苏。中国主导的产业发展在面临全球经济增长时，汽车行业的发展要先于其他行业。随着中国改革开放的深化，人员素质和制造技术水平不断提高，各大汽车巨头纷纷抢滩中国市场，已建立许多汽车整车厂和零部件配套厂，产销量均居世界第一。因此此次汽车产业复苏与发展可能不再由传统汽车工业强国主导，而是由中国主导。

（3）"互联网+汽车"构建全新的汽车产业生态。互联网对汽车行业的改造，涉及研发、零部件、整车、销售、后市场、用车、再流通、报废拆解等全产业链。互联网化进程将带来传统企业转型升级加行业格局的变化。在汽车产品领域，电子化、智能化为未来方向，互联网巨头的进入将加速上述进程。汽车后市场领域长期存在信息不对称、定价不透明等问题，互联网手段有助于加速解决这些问题。在用车领域，打车/专车软件应用快速普及，互联网物流平台大有可为。

一是互联网汽车。有关报告显示，2025 年中国智能汽车市场规模有望达到 1 700 万辆，辅助驾驶技术大量应用。智能汽车将带来三个层级的投资机会：硬件方面，智能汽车将在电子化率、辅助驾驶系统、车联网等领域显著升级，给相关的零部件企业带来投资机会；软件方面，车联网的推广普及将给大数据、云端应用等带来广阔空间；长期来看无人驾驶技术（初期表现为辅助驾驶技术）将是发展重点。

二是互联网后市场。创新商业模式层出不穷，配件、网点、资金、流量是其核心资源。汽车后市场包括汽车金融、维修保养、二手车、报废拆解等环节。互联网的介入有效降低消费者的信息不对称和比价成本结合后市场的服务特性，配件、网点、资金是核心资源，未来市场份额将逐步向以下三类企业集中：拥有配件资源的零部件集团，积极拓展后市场；拥有丰富网点资源的经销商，积极转型拥抱互联网；具有资金实力的新进入者，通过互联网方式快速积累。

三是互联网用车及O2O应用的核心是客户黏性，搭建平台价值是关键，高精度地图是重要基石。交通拥堵、打车困难、出租车空驶、私家车闲置等现象长期存在，移动互联网的介入，缓解了服务提供方（出租车等）和用户（乘客等）之间的信息不对称的矛盾，甚至通过分享模式提高了闲置资源的使用效率。

专栏1："互联网+汽车"衍生十大投资方向

"互联网+汽车"产业链，可划分为生产制造、销售流通、使用服务三个大方向，又可进一步细分为新能源汽车、汽车智能化、新车电商、移动工具/资讯/社区服务、驾考培训、汽车金融、汽车保险、二手车、停车/加油/洗车服务、保养维修、汽车配件 11 个子领域。总的来说，"互联网+汽车"产业链受以下三大类因素驱动而形成十大投资机会。

一、技术进步驱动形成的投资机会

（1）电动汽车。由于锂电池技术进步、能量密度提高，特斯拉首创采用松下 NCR 18650 3100mAh 电池及独创的电控技术，构建了 Model S 车型的电池组，使得高稳定、高性能、长续航的新能源车成为可能，引发行业革命。

（2）智能驾驶。固态激光雷达和深度学习技术的进步，使得低成本、高安全性的智能辅助驾驶乃至无人驾驶成为可能。

（3）"移动互联网+汽车"。智能手机的发展让用户可以更方便地、随时随地查询与汽车驾驶、使用相关的信息或服务。

二、市场演进驱动形成的投资机会

（1）新车电商。用户进入二次以上购车消费周期，电商消费习惯成熟，传统 4S 经销模式面临增长拐点，汽车主机厂与渠道博弈加剧。

（2）二手车电商。私人汽车存量市场基数庞大，用户二次以上购车消费行为趋于理性，车辆事故检测技术逐渐标准化。

（3）汽车金融。互联网金融的进步推动汽车金融向三、四线中低收入人群，以及二手车经营性、消费性贷款等领域渗透普及。

（4）汽车后服务O2O。汽车存量市场的迅速增长，智能手机的普及，一、二线城市商业地产成本的提升，都促使汽车领域O2O服务进一步发展。

三、政策红利驱动形成的投资机会

（1）驾考。2015年驾考改革在全国开放考试指标，实行自主约考、自学直考、可异地考试等新规，增加了该领域的创业投资机会。

（2）汽配B2B及连锁维修。交通部于2014年9月发布《关于促进汽车维修业转型升级、提升服务质量的指导意见》，打破了汽车售后服务维修零部件供应垄断和维修服务垄断。

（3）车险。保监会于2016年1月开始在部分地区试点推进商业车险改革，放宽保费定价上下限，促进了该领域的技术和商业创新。

（4）国内新能源汽车产业发展潜力巨大。《中国制造2025》在2020年及2025年两个时间节点分别提出了发展目标：2020年，自主品牌纯电动和插电式新能源汽车年销量突破100万辆，国内市场占70%以上；到2025年，与国际先进水平同步的新能源汽车年销量300万辆，国内市场占80%以上。随着新能源汽车的动力电池企业的规划产能陆续投产，新能源汽车的产能瓶颈将得以消除；申办冬奥会的环境承诺及"新常态"下发展经济的需要，有关新能源汽车国家产业政策和补贴的推动，以及地方的不限行、易上牌、免费停放等政策陆续落地，新能源汽车产销量会持续爆发，未来上下游各个子行业将持续受益。

4. 产业发展劣势

（1）东风悦达起亚的产品竞争力有所下降。东风悦达起亚在中高端市场虽早有布局，但该品牌在中国顾客的消费意识里不是高端品牌；加上韩系品牌汽车经常在上市后3~6个月就推出超过一万元的现金优惠，大大降低了品牌溢价能力。除自身产品之外，目前在中国汽车产业整体接近饱和的情况下，各大汽车厂商为了在竞争中占有一席之地，大力推出新品种汽车，而东风悦达起亚推出新品力度还有所欠缺。特别是在日系品牌销量回暖、德系与美系品牌的稳固盘踞、自主品牌崛起、豪华品牌价格下探等竞争态势下，东风悦达起亚以目前的品牌影响力、产品竞争力和产品更新速度，已难以突围，取得成效。

（2）中方控制能力弱。东风汽车、悦达集团和韩国现代起亚集团分别拥有东风悦达起亚25%、25%、50%的股权。东风汽车几乎不参与公司的直接经营，东风悦达起亚股份有限公司，中方只负责汽车制造，而汽车研发、品牌的运作、渠道建设均由韩方负责，所有这些直接导致中方控制能力有限。

（3）韩系企业处于产业高端，自成一体；本地配套企业处于产业低端，"集而不群"。东风悦达起亚是整车制造商，其发动机和关键零部件由摩比斯、韩一模塑等韩资企业制造，已经形成自成一体的核心配套体系。盐城本地企业配套生产的大多是标准件、通用件，技术含量不高，处于产业链低端；而且协作意识不强，竞争无序；园区企业仅是物理上的"集结"或空间集聚，而没有形成相互作用的"集群"系统。

（4）汽车后市场处于小、散状态，群龙无首，系统集成性差，产业层次偏低。汽车后市场的进入门槛较低，围绕汽车后市场的企业在盐城可谓星罗棋布。目前盐城许多县、区均把汽车后市场作为大市场来做，纷纷各自招商引资。汽车本地市场整体规模不大，消费层次不高，带来的后服务市场往往是传统的汽车销售、维修保养、配件、保险、上牌照、二手车、租赁、汽车清洁与装饰等，与之相关的企业数量众多，小而散，互补性和系统集成性差；目前汽车后服务市场还没有真正意义上的汽车研发、品牌运作等高端环节，其处于初级阶段；其销售额也仅占整个产业的 16.61%，与世界平均水平 33% 的差距明显。

（5）盐城市的新能源汽车产业处于初期，产业生态尚未形成。2016 年 1—7 月新能源汽车生产 21.5 万辆，销售 20.7 万辆，比上年同期分别增长 119.8% 和 122.8%，与 2016 年 1—7 月我国汽车总销量 1 468.4 万辆相比，新能源汽车有巨大的发展空间；但各项技术性能特别是关键技术尚不成熟，主要有：①安全性及稳定性方面，动力锂电池技术路线在安全性及稳定性方面仍然存在相对的劣势；②电池性能方面，动力锂电池的能量密度、功率密度、耐受性、循环充放电次数、使用寿命等性能的改善还有待提升；③生产制造工艺与系统集成方面，电池管理系统的组装检测和系统集成能力较差，其质量要求和检测工艺还有待进一步加强。因此盐城市的新能源汽车市场竞争能力不强，还处于幼童期。从全球范围看，新能源汽车核心技术尚待进一步突破，关键零部件的壁垒还未形成，信息系统还在发展，品牌效应还未发力，商业模式正呈现多样化，产业生态系统尚未成形，其产业链的各个环节都存在很大的创新空间。

5. 产业发展策略

（1）突破关键零部件制造技术，打造汽车零部件产业高端基地。与高等院校、科研院所联合，开展合作研究，突破关键零部件的技术，力争本地零部件企业进入 DYK 一级采购体系，或与国内其他几大汽车制造商配套，全力打造汽车零部件产业高端基地。

（2）强化互补性、系统集成性，增强汽车产业集聚优势。对现有汽车零部件企业要研究它们之间的关联性，强化互补性，形成范围经济；对汽车后市场，要进行梳理，强化特色，招引龙头企业，或利用加盟连锁、"互联网+"等手段整合市场，构建后市场产业生态系统，形成集聚优势。

（3）抢占技术制高点，着力提高新能源汽车核心竞争力。利用新能源汽车产业发展有待成熟的机遇，以长三角新能源汽车研究院为支撑，突破新能源汽车关键技术，尽早在盐城落地，打造新能源汽车核心竞争力，提高盐城新能源汽车产业知名度。

（4）深化大数据与汽车产业融合，构建汽车后市场大数据特色产业生态。与大数据产业园区合作，构建立足江苏、辐射长三角的汽车产业特色大数据库，抢先形成汽车后市场大数据产业生态系统；发展线上销售模式，建成立足华东乃至全国的零部件销售市场。

专栏2：汽车后市场服务竞争进入大数据竞争时代

一是大数据使汽车后市场整合起来。2014年汽车维修数据的开放成为该行业突破性发展的标志。维修数据公开以后，所融合形成的更多维度的大数据能够让整个汽车后市场形成一个整体，从而打破行业垄断所造成的信息不对称的壁垒。

二是大数据使企业更加专业，形成特色。在大数据基础上，整条产业链上的维修、保养等各环节上的商家都能更专注于自己所在的行业，它们所需要的相关数据只要与专门做数据的商家对接即可。因此大数据行业在整个汽车后市场中都处于重要的位置。"互联网+汽车后市场"的大变革即将到来。

三是大数据提高了后服务市场的交易效率。移动互联网时代，汽车后市场产业升级转型的最终落脚点是整个汽车零配件产业链上的各类B2B商家。互联网为预约服务、汽车零部件适配、网络投保等可以在线上操作的服务项目提供数据部分的内容，使效率大幅度提高，当然保养、维修、换件、美容等实际操作部分，仍旧需要通过上门或者在指定地点完成操作。

四是产业竞争进入数据竞争时代。竞争的关键不在于维修人员的多少，而是对原厂配件、品牌配件、维修信息等数据的适配。谁的数据最多、最全、最详细，谁就最有竞争力，这意味着其几乎能够与全品牌全车型服务数据相匹配。在数据获取上，有数据积累的商家可以通过更多的渠道获得信息，没有积累的则会与专业的数据库企业进行合作。整个产业链对大数据服务都有大量需求，配件通配数据最终是要融入汽车后市场产业链的所有环节的。由此，汽车产业竞争和汽车服务竞争进入了数据竞争时代。

（二）新能源装备产业（大丰、东台、阜宁）

1. 产业规模

盐城全市新能源装机 350 万千瓦，占全省的 32%。风电并网容量占全省近 50%，发电量占全省的 40%，有 10 个海上风电项目入选《全国海上风电开发建设方案（2014—

2016）》，总规模达 201.25 万千瓦，占全省建设规模总量的 57.67%。全市风电项目数与规模总量在全国地级市中名列前茅，被认定为国家海上风电及装备产业化基地。全市地面光伏电站并网容量 95 万千瓦，居全省第一。

2. 产业发展优势

（1）产业链初步形成。目前盐城已经形成了从风电整机到塔筒、叶子、定子、转子、机舱罩、发电机、偏航变桨、风电零部件精加工等较为完整的产业链条。其中大丰风电产业园引进了中车电机国内风电装备制造领军型龙头企业，吸引了双菱重工、海工塔筒、锦辉机舱罩、广茂电机、金悦风电等 13 家核心零部件企业集聚，致力打造高端产业链。东台市新能源及其装备产业园形成以上海电气风机整机、上海玻钢院风机叶片、上海泰胜风机塔筒为主体的风力发电装备产业链，以苏美达和思恩电子光伏组件及配套设备、燕山光伏和威尔五金光伏支架为代表的光伏发电装备制造产业。目前全市规模以上新能源制造企业达 27 家，已初步形成风机、塔筒、风电叶片、光电晶体等十几个产品的规模生产，涌现出了以上海电气、苏美达等为代表的一批具备核心竞争力的新能源装备制造企业，致力于打造风光电装备产业园、沿海经济区光伏光电产业园和"风光互补"新能源基地的"两园一基地"。阜宁风电设备产业园以香港协鑫集团、金风科技有限公司为核心，联合中国水利投资集团公司、日本三菱重工及日本山口株式会社等国内外风电领域龙头企业共同建设，形成了集风叶、风塔、变速箱、输配电、总装等工序于一园，研发、制造、服务于一体的较为完整的产业链条。

（2）龙头企业带动性强。通过对其自然资源的统筹规划、整合利用，盐城市进一步推进太阳能光伏、生物质发电、风电装备等产业集群发展。目前全市已招引了金风科技、上海电气、中电投、三峡集团、大唐集团、中车、中材科技等国内风电领军企业，并与天合光能、阿特斯等世界光伏龙头企业达成战略合作。2015 年盐城百强企业中有 12 家为新能源企业，销售收入超 10 亿元的有 6 家，具体如表 6 所示。

表6　盐城新能源企业 2015 年销售收入统计及全市百强企业排名

单位：亿元

序号	2015 年全市百强排名	企业名称	2015 年销售收入	2016 年1—8 月
1	7	江苏南车电机有限公司	39.6	2.5
2	9	上海电气风电设备东台有限公司	31.7	18.2
3	14	江苏金风科技有限公司	24.0	15.4

表6(续)

序号	2015年全市百强排名	企业名称	2015年销售收入	2016年1—8月
4	25	盐城天合光能科技有限公司	15.2	10.9
5	27	江苏苏美达新能源发展有限公司	15.1	5.2
6	39	生辉集团	10.0	6.1
7	52	中材科技(阜宁)风电叶片有限公司	7.4	2.9
8	62	江苏神山风电设备制造有限公司	6.0	2.0
9	81	江苏金海新能源科技有限公司	4.3	2.0
10	83	迪皮埃风电叶片大丰有限公司	4.2	7.5
11	88	江苏正昀新能源技术股份有限公司	3.7	1.7
12	99	盐城阿特斯协鑫阳光电力科技有限公司	0.4	5.1

(3)新能源装备产业发展迅速。随着金风科技、上汽电气、中车、中材科技等一批国内风电装备领军企业落地盐城，国内首台套3、5、6兆瓦风电机组相继在盐城下线，国内首个上海东海大桥海上风电全部采用盐城产3兆瓦风机。2015年全市16家重点监控装备制造企业销售收入增长51.2%，其中，南车电机、天合光能、上海电气分别同比增长56.2%、

82.58%和75.8%。

（4）创新载体纷纷落地。目前国家海上风电技术装备研发中心、国家风电设备质量监督检验中心等一批国家级创新平台相继启动建设，两家6兆瓦级及以上直驱永磁风电机组工程中心（实验室）开始有序运行并研发；风电技术创新步伐加快，金风科技公司开发了产品叶轮直径160多米、国内单机容量最大的直驱永磁风电机组。

3. 产业发展机会

（1）国家能源结构调整。《中共中央关于制定国民经济和社会发展第十三个五年规划的建议》提出，推动低碳循环发展，推进能源革命，加快能源技术创新，建设清洁低碳、安全高效的现代能源体系。2020年，新能源成为中国国民经济的先导产业，国家发改委随后在对有关决定解读时指出，绿色新能源技术发展和产业化是解决能源危机、优化能源结构的根本出路；清洁能源在未来五年会迎来发展机遇，"从调整能源结构、实现节能减排的目标来看，风电、光伏发电要逐步替代火电，重点解决弃风限电的问题，剥离火电资产、转型到可再生能源上"。

（2）我国新能源产业发展潜力巨大。我国太阳能资源丰富，三分之二的国土面积年日照时数达到2 200小时以上；

全国风能资源供给约 10 亿千瓦；生物质资源转换为能源可达 10 亿吨标准煤。盐城拥有江苏省最长海岸线，沿海风电可开发量超过 1 470 万千瓦，占全省可开发量的 70% 以上，是国家 11 个千万千瓦级风电基地之一；在太阳能方面，全年光照时间平均在 2 280 小时左右，发电有效时间为 1 200 小时左右，占江苏省 50% 的光伏资源，发展"风光互补"产业的条件得天独厚；在生物质能方面，滩涂芦苇、秸秆资源丰富，海洋资源丰富，为风光电海水淡化制氢、生物质发电等可再生能源的发展提供了很好的资源条件。

4. 产业发展劣势

（1）基础设施和服务体系不完善。我国电网基础设施在电力的高效传输、运维管理、调峰方面难以适应风能等新能源产业发展的需要。

（2）核心技术缺乏。我国新能源产业的发展过度依赖国外，核心的关键技术尚处在引进消化、联合设计的阶段，缺少自主知识产权，不利于我国清洁能源产业健康发展。

（3）产业链条短。纵观盐城新能源产业，虽有金风科技、大唐集团等风电领军企业，天合光能、阿特斯等光伏龙头企业、大型企业也纷纷抢滩盐城，但众行业巨头在盐城的投资大多处于产业链中后段的配件组装环节。而风电领域核心电机部分和光伏领域太阳能板等核心部件的研发和生产都不在盐城，这些都是处于产业链"微笑曲线"两端高附加值部分。

（4）光伏竞争势态严峻。当前国内外光伏领域投资过热，甚至一段时间出现产能过剩的现象。长三角地区发展光伏的城市大量集中，产业竞争环境严峻，如何实现产业差异化发展的问题亟待解决。

专栏3："能源+互联网+大数据"

一、"能源+互联网"：新格局

能源与互联网技术相结合，使能源的生产、分配、消费，通过利用互联网进行数据采集、传输和储存，将能源的边际成本降为零，从而诞生一个全新的能源供应体系。

（1）"能源消费+互联网"。在"能源+互联网"的背景下，消费者有了更多的选择权。用户环保意识强就选择太阳能发电，并且可以选择有竞争力的服务商，以市场机制来推动能源产业的发展。"能源+互联网"强化了以用户为中心，允许消费者不仅消费能源，还能参与生产、销售能源，打造一个开放的生态体系，吸引更多的参与者进入能源价值链。因此，能源企业的商业模式、营销模式、研发模式、运营模式、服务模式等，都必须以互联网的时代特征为出发点进行重构。其中的关键是重构能源企业的思维模式，因为思维决定了行动和方向。

（2）"能源生产+互联网"。这方面主要涉及以下几点：①传统煤电燃气的清洁高效利用；②高耗能动力设备装置的节能降耗；③风电光伏可再生能源的利用；④分布式能源的广泛利用；⑤新能源汽车和储能的应用；⑥电力系统的智能化、互联网化。所谓"能源生产+互联网"就是利用互联网把以上六者有机串联融合起来。

二、"能源+大数据"：新竞争力

能源企业通过将能源消费数据、智能设备数据、客户信息等数据相结合，充分挖掘客户行为特征，发现用户消费规律，从而提升企业运营效率，提高企业核心竞争能力。

（1）"风电+大数据"。风电的痛点在于风电机组性能差异大，年发电量达不到预期指标。风电机运行过程中会产生海量数据，我们利用大数据技术实时分析发电量，并对可能发生的问题进行预测，对世界各地风电场的发展都很有意义，能够极大提高发电效率。

（2）"石油+大数据"。石油从地质开发到石油储藏，其油气开采技术已无法满足石油企业提高产量的需求，但它早已积累了海量数据，油田在油气勘探开采过程中，可以利用大数据分析技术寻找新的增长点，帮助炼油厂提高炼化效率。

（3）"电力+大数据"。国家电网于 2014 年开始重视大数据技术，以推动智能电网发展战略。实施智能电网战略，可以利用大数据技术帮助电力公司调配电力供给，调节用户用电需求。

5. 产业发展策略

第一，发展"新能源+"，提高能源经济效益。风电运行过程中会产生海量数据，利用大数据技术实时分析发电量，对风电波动进行预测，能够从很大程度上提高发电效率。

新能源产业也可以结合其他相关产业发挥其协同经济效益，如大力发展新能源汽车、太阳能、海水淡化等领域，提高产业的附加值，扩大应用范围。

第二，强化协同创新，构建区域创新网络。盐城的新能源产业集群应从"创新网络"视角出发进行构建。区域创新网络建设是对产业链发展的进一步拓展与延伸，以调整和升级产业集群内部的产业结构、建设与完善创新体系为主要内容。盐城市以东南大学（盐城）新能源汽车研究院为主体，形成了实验室、企业技术中心等多层次、网络化的创新体系；引进了奥新新能源汽车、中大动力电池、协鑫悦达新能源汽车动车电池及电池管理系统项目，宝特、昱博等一批整车及关键零部件制造项目以及李尔新能源汽车技术支持中心、SGS 研发检测机构等，进一步完善了企业创新与制造产业链体系。

第三，制定激励政策，促进科技成果转化。增加招商引资力度，鼓励国内外龙头企业的研发环节进驻盐城，出台政策支持研发项目成果落地盐城，加大新能源企业创新成果就地转化的奖励力度。

第四，打造关键零部件集群，提升产业区域核心竞争力。一方面加大招商引资力度，招引生产关键零部件企业落户盐城；另一方面鼓励当地有实力的企业提高制造水平，与新能源产业配套，力争关键零部件生产基本在盐城落地生根。

（三）机械装备制造产业（盐城市）

1. 产业规模

机械装备制造业是盐城规模最大的支柱产业，规模以上企业 853 家，已形成农业机械、纺织机械、石油机械、环保机械、涂装机械、鞋业机械、铸造机械、机床制造等较多门类、具有一定特色产业体系。每类机械业均具有相当数量的企业，大部分企业都集中分布在盐城各区、县、市、镇的工业集中区或工业园区，形成相互关联的产业集群。盐城市拥有江淮动力股份有限公司、悦达拖拉机有限公司、东飞马佐里公司、信得石油机械有限公司、建湖县鸿达阀门管件有限公司、象王起重机械厂等一批销售过 10 亿元的领军企业。2015 年机械装备制造产业完成开票销售 948.78 亿元。

2. 产业发展优势

（1）产业集聚基本形成。盐城机械装备制造业经过 50 多年的发展，特别是近十年工业集中区或工业园区的建设，并通过园区全力打造各特色产业的生产集聚和服务集聚，构建产业集群，形成了较为全面的生产、服务的体系，如市开发区农机、建湖石油机械、大冈鞋业机械、大丰抛丸机等产业园区。

（2）龙头企业知名度较高。江动公司、悦达盐拖公司、东飞马佐里纺机公司、丰东公司、科行环保公司、东洋插秧机公司、象王起重机械公司、龙达和冠龙（轴承座）公司、超力（空压机）等公司、剑桥环保公司、伯乐达公司、中联电气公司、火电电力设备公司、华英鞋业公司、闳业机械公司等均为本行业知名度较高的重点企业。

（3）产品竞争力较强。液压动力钳国内市场占有率为70%以上，抛丸机占全国产销量的30%以上，井口装置系列产品的国内市场占有率为40%以上，大中型拖拉机销量全国第三，小柴油机、汽油机销量全国第一等。盐城市20多个机械装备产品在全国占有较大优势。

（4）企业创新载体较为完善。农业机械、环保机械、石油机械、涂装机械等产业集群的龙头企业或重点企业均有独立的省级技术中心、企业院士工作站或博士后科研流动站。盐城市每年均有许多的发明专利获得批准。

3. 产业发展机会

一是电气、机械、汽车、数控机床等传统优势产品继续得以巩固提升。

二是高端装备和重大成套装备的自主创新和"走出去"战略持续加深加快。

三是互联网等现代信息技术与传统装备制造产业的融合发展继续深化。

四是工业机器人等智能制造设备、新能源汽车、轨道交通设备等新兴动能产业的规模继续扩大，带动作用加强。

五是行业骨干企业继续抓住用户需求进行智能制造的转型升级，与"一带一路"倡议、长三角规划等加深对接。

六是抓住上海、苏南地区产业结构调整和转移的机遇。上海、苏南地区面临地价上涨、人力成本提高等问题，部分机械装备制造产业将进行梯度转移。

七是产业国际转移出现产业链式转移的趋势。随着区域竞争不断加剧，产业转移已由原来单个项目、单个企业、单个行业的转移变成产业链式转移。产业链式转移有利于形成产业的群体和网络，增强区域竞争优势。

4. 机械装备制造产业劣势

（1）机械装备制造企业集中度低，核心企业带动性弱。目前机械装备制造产业 2015 年销售收入只有近千亿元，平均每家仅有 1.1 亿元，其中只有江苏农华智慧农业科技股份有限公司（29.6 亿）和大丰市明进机械有限责任公司（23.4 亿）超 20 亿元。真正能够支撑和带动整个产业经济结构优化升级的百亿级甚至千亿级产业链上的拥有大设备、大机器、大装置且核心竞争力强、品牌知名度高、市场掌控能力大的大公司、大集团，以及围绕它们打造的与中小企业配套的产业集群目前根本没有。

（2）同质化高，"精""深""特"产品少。很多企业着力于生产技术简单、能短期获利的产品，导致其同质化程度高，形成产业链短的小产业；真正致力于"精""深""特"

产品生产的企业几乎没有。

（3）自主开发能力弱，原创技术少。企业以制造生产为主，产品工艺加工、材料性能创新方面与国际先进水平有相当差距。专利发明追随性强，原创性弱，高精尖人才不足，研发投入不够。江动、悦达大拖等企业的研发投入相对较大，但与国外大企业占营业收入 4%~10% 的研发经费相比，相距甚远。

（4）产业处于"三小"阶段，市场掌控能力差。产业大多数处于"三小"阶段，即处于小产品、小产业、小加工的三小阶段，如空压机、抛丸机、鞋机、轴承等。企业没有能力建设品牌，竞争还处于利用低端生产要素获得优势，局限于价格战，顾客对产品依赖度低，企业缺乏掌控市场能力，难以获得长期或超额利润。

（5）"三高"人才少，技术装备水平低。产业集群大都集中在县级及以下，企业"三高"（高级技工、高级专业技术、高级经营管理）人才严重缺乏，企业规模普遍不大，技术装备水平低。

（6）产品技术含量低，附加值低。尽管抛丸机、液压动力钳、井口装置系列产品等在国内市场占有率高，但这些产品大都技术简单，处于产业链的低端，附加值低。

（7）关键基础件加工能力薄弱，缺乏高水平的研发中心。机械基础件是组成机器不可分拆的基本单元，包括轴承、齿轮、液压件、液力元件、气动元件、密封件、链与链轮、传动联结件、紧固件、弹簧、粉末冶金零件、模具等，其水平直接决定重大装备和主机产品的性能、质量和可靠性。盐城机械装备业与新能源发电设备、工程机械、大型石化设备等配套所需的关键基础件，如高性能液压元件、高可靠性密封件、新型高效高承载轻结构齿轮传动等研究中心都还没有，高性能的关键基础件产品的加工生产领域几乎未被涉足。

专栏4：未来机械工程技术和制造产业发展趋势

未来机械工程技术和制造产业发展朝着绿色、智能、超常、融合、服务五个方向发展。

绿色：产品从设计、制造、包装、运输、使用到报废处理的整个生命周期，其资源消耗和有害排放物、废弃物最少，对环境的影响最小，资源利用率最高。

智能：包括智能制造、智能制造装备、智能制造系统、智能制造服务等。

超常：科技创新和新的需求与应用，将推动制造技术向极端尺度、超常使用环境的超常制造技术发起新挑战。

融合：包括多种工艺融合，与信息技术、新材料、生物技术融合，与纳米技术融合，软硬件技术与人文艺术、用户需求和体验的深度融合。

服务：重点发展包括系统设计、系统成套和工程承包、设备租赁、远程诊断服务、回收再制造等现代制造服务业，实现由生产型制造向服务型制造转变。

5. 产业发展策略

（1）支柱产业智能化、高端化。农机、纺机、石油机械、环保设备等优势支柱产业向智能化、高端化、服务型方向发展，培大育强；招引具有市场掌控力且能带动产业升级的大项目、大企业，围绕大项目、大企业打造产业集群，重新构建新产业生态。

（2）特色产业精深化、品牌化。鞋业机械、涂装机械、铸造机械等特色产业注重价值链分工与深化，向精、深、品牌化方向发展，实现规模经营。

（3）新型产业规模化、集群化。风电设备制造等新型产业继续扩大规模，建立健全产业体系，实现集群化发展，构建产业生态。

（四）大数据产业（城南新区）

1. 产业规模

目前大数据产业园招引项目 100 多个，投资超百亿元人民币，华为、软通动力、东方国信、微软等一批知名企业落户。2016 年 1—8 月，产业园共实现主营业务收入达 21 亿元，一般公共预算收入 7 100 万元，交易平台备份数据包已达 1 103 个，数据条目 40 327 条，数据归集可交易额达 8 717 万元。

2. 产业发展优势

（1）产业链初步形成。已落户大数据产业园项目的企业有 157 家，初步形成数据存储、云计算、数据应用、数据交易的产业链条。构建研发平台、孵化平台、实训平台、交易平台等，形成了数据存储、分析、应用、交易的产业体系，平台功能不断完善。

（2）重大项目众多。已落户的世界 500 强、行业 100 强、国内前 10 强的企业有 26 家，纷纷在盐城市投资。华为（盐城）云计算中心成为全国 14 个战略布局节点之一，软通大数据创新产业园、华夏脉络智慧产业园等一大批投资超 10 亿元的重大项目先后开工建设。

（3）创牌创新平台有效突破。2016 年 8 月，中华人民共和国工业和信息化部信息化和软件服务业、江苏省经济和信息化委员会（简称省经信委）、盐城市人民政府共同签署《部省市共同打造国家级大数据产业基地三方战略合作备忘录》，以高效整合国家、省、市资源优势，将盐城大数据产业发展纳入国家"十三五"互联网经济和大数据产业发展总体规划，形成南有贵阳、北有盐城的初步格局。2015 年 4 月，省市共建江苏省大数据产业园正式挂牌成立，明确将全省大数据产业布局、大数据资源向盐城倾斜。

中关村大数据产业联盟、南邮大数据研究院、甲骨文（盐城）技术创新中心、微软大数据创新中心、国家可信嵌入式软件技术研究中心江苏分中心等 15 个科研平台落户盐城。

（4）数据资源丰富。一是在省级政府层面，数据资源汇聚。与省经信委、环保厅、安监局合作，建设工业大数据、环保大数据、工业设备安全运行监测数据平台（中心），实现大数据与政府管理融合，服务于政府。二是在产业层面，数据资源汇聚。搭建华东区重要的金融大数据交易平台，依托汽车产业构建汽车互联网数据库，依托农业构建农业资源、生产过程、市场交易、农产品与食品安全、农业装备等大数据中心，依托海上三峡建设，搭建全国最大海上风电大数据平台，实现市场与大数据融合。三是智慧城市数据汇聚。盐城市级信息资源中心已建成并落地产业园，中心规划建设法人库、地理库、人口库、信用库四大基础库，为建设智慧城市提供示范。

3. 产业发展机会

（1）未来市场规模巨大。预计到 2020 年，全球教育、交通、消费、电力、能源、大健康及金融七大领域的大数据应用价值在 32 200 亿~53 900 亿美元。

中国大数据软件市场规模年均复合增长率约为 65%，服务市场年均复合增长率约为 75%。预计到 2021 年，软件市场规模达到 80 亿元，服务市场规模有望达到 300 亿元。

（2）侧重于应用软件与信息服务领域。应用软件主要集中在通信、政府、金融、电力四大领域。信息服务则集中在信息咨询服务、信息安全两大领域。

（3）产业生态建设尚未成型。大数据产业在国际、国内均处于培育期，商业模式处于开创期、摸索期，产业链尚未形成，产业发展生态尚未成型，企业创新发展空间大。

4. 产业发展劣势

（1）资源汇聚和整合能力欠缺。资源整合能力与区域级别呈正相关关系，盐城是三四线城市，资源汇聚与整合能力欠缺，产业辐射能力不强。

（2）高层次专业人才少。引进落户高层次人才困难重重，被招商引资的客商没有真正将盐城作为企业发展的新增长点来经营，引进的人才也很难留得住。

（3）核心研发单位较少。大数据算法、云端解决方案，数据管理、转换、挖掘等领域的原创性研发企业落户不多，产学研一体化、特色产业与大数据深度融合的研究单位不多。

（4）领军企业缺乏，产业生态系统还未成型，缺乏构建生态系统核心主导企业。

专栏 5：大数据市场的特点

2015 年被定义为中国"大数据元年"。其市场特点主要有：

一是大数据产业的战略地位不断上升，国家层面高度重视。"中国制造 2025"战略提出，要以加快新一代信息技术与制造业深度融合为主线，以推进智能制造为主促进产业转型升级，把我国建设成为引领世界制造业发展的制造强国。

在此背景下，大数据作为新一代信息技术，前景最广阔、推进作用较为明显，受到了国家的高度重视。

二是市场规模高速增长，市场发展潜力巨大。2015年中国大数据市场规模达到124.9亿元，增速保持在34.2%。

三是从市场热度看，大数据市场概念持续升温，备受资本市场青睐。拥有数据资源优势的金融、电信、互联网等企业领域依然是投资的重点领域。2015年互联网、金融、电信三大领域投资规模达到大数据投资规模的60.7%，仍是大数据产业的投资重点。

四是传统产业与大数据融合推进，新业态互进成为共识。大数据已经融入了制造业、医疗、金融等多个领域。特别是数据感知、存储、分析技术的成熟，硬件和软件开发的突破，使大量应用案例开始涌现，工业大数据有了可行性的基础。

5. 产业发展策略

（1）完善产业链条，做大产业规模。完善产业体系，立足江苏，服务长三角，大力开拓市场，强化招商，做大产业规模。

（2）促进实体产业与大数据融合，明确产业区域特色。近期大力发展创新与成长机会多的政府（公共事业）、医疗卫生、零售等大数据产业，同时结合盐城汽车、风电、农产品、机械等产业优势，将其与大数据深度融合，进行准确定位，从而构建大数据产业区域特色。

（3）引进"瞪羚企业"，构建特色产业生态系统。趁着大数据产业处于培育期，商业模式处于探索期，盐城积极引进成长速度快、专业领域新、创新能力强、发展潜力大的"瞪羚企业"，利用"瞪羚企业"引导相关企业入驻产业园区，抢先形成特色生态系统。

（4）制定激励政策，招引人才。针对当前大数据高端人才稀缺局面，政府制定相应政策，采用各种方法加大引进高端人才力度，与高等学校合作，定向培养高端专业人才。

专栏 6：瞪羚企业

瞪羚企业是对成长性好、具有跳跃式发展态势的高新技术企业的一种通称。瞪羚是一种善于跳跃和奔跑的羚羊，高速成长的中小企业被形象地称为"瞪羚企业"。一个地区的"瞪羚企业"数量越多，表明这一地区的创新活力越强，发展速度越快。其特征是：成长速度快，创新能力强，采用新发展模式，善于把握细分领域，生命力依然脆弱。目前"瞪羚企业"中处于 IT 行业的占比较大。

（五）智能终端产业（盐都区）

1. 产业规模

盐城高新区已招引智能终端产业项目 43 个，其中，竣工投产项目 11 个，开工建设项目 17 个，签约待开工项目 15 个，年内可实现智能产品销售 30 亿元以上。

2. 产业发展优势

（1）产业发展思路明确。一是大力发展智能终端工厂、车间。园区已经实施智能终端改造项目 28 个，累计完成投入 21.5 亿元，涌现出一批以世钟汽配、汉印科技、恒力机床等为代表的智能工厂、智能车间。二是提供智能服务。引导龙头骨干企业，积极应用新技术，推进装备产品的智能化管理，加快建设产品售后智能化服务生态系统，实现由"卖产品"向"卖产品+卖服务"的转变。三是构建电子产品的全产业链，重点突破手机整机制造、液晶显示、智能穿戴产品。

（2）产业集聚初步形成。盐城承接深圳手机整机及关联企业转移，实施平板电脑及液晶电视生产线项目，拓展智能终端产业发展领域；加快推进智能射频系统及微型基站、移动通信关键零部件等智能终端配套项目。目前招引智能终端产业链项目 40 个。

（3）智能化技术平台开始构建。实施基于互联网智能制造的行动，盐城搭建汽车、节能环保等重点领域的行业云平台与公共服务平台，首期投资 1 800 万元的智慧盐都云中心已正式投入运行，以支撑智能车间、智能工厂建设；实施基于互联网市场营销的行动，与苏宁云商、亿赞普等知名电商平台合作，加快行业综合性 B2B 平台建设，搭建盐城工业产品网上展示馆和特色产业网上展示平台；实施基于互联网生产性服务的行动，支持和帮助制造企业建立远程诊断服务平台和数据中心，运用大数据进行故障分析和预测，实现全生命周期管理服务。

3. 产业发展机会

（1）借势于"互联网+"行动计划和"中国制造 2025"。智能终端产业作为信息技术发展的重要代表，盐城市的产业发展具有无限商机和广阔的前景。

（2）承接产业转移。长三角、珠三角智能终端产业抱团转移，为盐城市的智能终端产业发展创造了机遇。

（3）移动智能终端的重要性越发凸显。移动智能终端主要包括智能手机、笔记本电脑、平板电脑、可穿戴设备等。

其中智能手机出货量近四年年均增长 56.2%，可穿戴设备的全国市场规模从 2011 年的 5 亿元迅速扩大到 2016 年的 80 亿元。

4. 产业发展劣势

（1）产业规模偏小，龙头企业少。产业刚起步，规模仅有几十亿元，没有知名度高、体量大的龙头企业带动产业发展，没有构建起智能终端产业生态。

（2）产业碎片化、低端化、植根性低。虽然智能产业园企业有一定的集聚，但产业链还没有形成体系，产品在本地加工环节还不多，停留时间短，并且处于"微笑曲线"的低端。随着本地区产业向高端化发展，将来还要转移，因此企业植根性低。

（3）提供智能化解决方案的能力不足。目前盐城传统产业的智能化改造和智能服务市场刚起步，智能化平台刚建设，高端专业智能化人才缺乏，提供整套智能化解决方案的能力欠缺。

（4）核心技术、关键软硬件依赖国外厂商。在移动智能终端领域，80%以上的核心电子元器件、基带芯片和操作系统等主要依赖国外厂商供给，95%以上的终端产品是基于安卓系统的二次开发，国产操作系统开发企业由于实力和经验不足，处于产业链的中低端。

专栏 7：智能终端产业三个"新常态"

一是产业集群和自主创新的能力提升成为新常态。从芯片、设计制造、操作系统、应用生态环境及移动通信技术的标准和开发上，中国企业产业集群优势已现，自主创新能力持续提升。在芯片领域，海思和展讯已经跻身全球集成电路十大企业。在智能手机制造领域，华为、小米、联想成为"世界级"的智能手机制造商。软件方面，应用程序（App）已经成为全球产业链中一道靓丽的风景线。

二是跨界融合与开放创新成为新常态。以集成电路为基础，前端向传感发展，后端向显示延伸的新的大集成电路的跨界发展趋势，将有可能带来质变。智能终端在健康、智能家庭、车联网、工业互联网等行业的跨界交融，创造了前所未有的新机遇。

三是生态链重构和"双创"成为新常态。单一通信设备、硬件芯片、软件及不同行业的分割带来了生态链重构的机会，这种生态链的重构也为产业的发展和技术的创新带来机遇，更为"大众创业、万众创新"提供了前所未有的模式。

5. 产业发展策略

（1）构建产业体系，做大规模。继续加大招商引资的力度，招引大企业，做大规模，依据产业发展方向完善产业链，构建产业体系，形成集群。

（2）走高端路线，增强企业植根性。通过政策引导产业走向"微笑曲线"高端，提高产业档次，高起点构建产业生态，提高企业的植根性。

（3）抓住智能穿戴设备成长机遇。构建产业生态系统。大力发展智能穿戴设备，改变所生产的产品作为智能手机的附属衍生物或者配件的现状，建立智能穿戴设备品牌，构建生态系统，是未来占据产业生态系统制高点的关键。

（4）强化产业融合，促进产业升级。智能产业要和传统产业如农业、工业、健康、公共服务等跨界融合，利用智能改造，重构产业生态，促进传统产业升级。

（5）引进高端人才，构建智能化服务体系。围绕提供整体智能化解决问题方案建设要求，完善智能化平台体系；引进智能领域的高端人才，构建智能化服务体系。

（六）环保产业（亭湖区、阜宁）

1. 产业规模

盐城市现拥有环保企业 160 家左右，其中中电投、中建材、菲达、龙净等国内环保领军央企、上市企业 15 家，规模以上企业 83 家，高新企业 21 家。这些企业主要涉及烟气治理、环保滤料、环保服务和综合利用四大领域。2015 年全市环保产业开票销售 130 亿元。"十三五"期间，盐城环保科技城将重点发展装备制造、工程总承包、第三方治理服务、市场交易、创新平台、教育培训等环保科技全产业链，加快园区国际化、资本运作市场化步伐，建设国家节能环保高新技术产业基地。到 2020 年，规模以上工业开票销售突破 400 亿元，把盐城环保园区建成 20 平方千米的国家高新技术产业开发区。

2. 产业发展优势

（1）产业特色鲜明。目前盐城市大气治理技术水平处于全国领先地位，特别是在煤炭清洁燃烧、催化剂再生、膜技术、土壤修复等方面拥有核心自主知识产权，享有"烟气治理之都"的美誉。其生产的治霾设备已广泛应用于全国火电、化工、钢铁、烟草、玻璃等不同行业，其中烟气治理装备制造、水泥行业脱硫脱硝、玻璃行业脱硫脱硝的全国市场占有率分别为 19.8%、41%、90%，销售市场覆盖美国、德国等 50 多个国家和地区。拥有 BOT、EPC 工程总承包能力的企业达 27 家。

（2）领军企业强势入驻。中电投远达、中国地能集团、中车集团、中国建材股份等一批"国字号"企业纷纷加盟；浙江菲达、福建龙净、北京万邦达、北京桑德、北京清新环境、广东科达洁能等行业领军企业（共 24 家上市公司）已全面入驻；科行、吉地达、高和、华晖等本土企业迅速壮大，与美国科杰、德国 GEA、奥地利 MCI、英国普曼新能源等国际知名企业牵手合作。

（3）高端研究机构和尖端人才集聚。中国环境科学研究院、中建材环保研究院、清华大学、美国麻省理工学院等国内外知名大院、大所、大学（或其设立分支机构）约 13 家入驻，中欧环保技术转化中心、南京大学环保技术研发基地等 25 家研发平台建成，孟伟、郝吉明等 18 名"两院"院士等专家加盟，拥有国家级企业技术中心 11 家、省级以上高新技术企业 38 家；在绿色能源、清洁生产、区域治理、新材料等领域形成技术优势，在提供环境整体解决方案能力上具有全国领先水平。2015 年，环科城自主研发发明专利（实用新型）达 813 个，高新技术产业占财政总收入的 42%、生产总值的 58%、工业增加值的 65%。

（4）协同创新机制初步形成。以协同创新为统领，盐城市将入驻企业、引进人才、自创技术和投融资本等要素在协同机制的整合下，通过组建环境现状评估平台、大师诊疗平台、研发设计平台、工程运营平台、金融支撑平台、第三方治理服务质保平台六大平台支撑体系，成立国际环境治理诊疗中心和国际环境产业服务中心，为国际、国内区域环境治理提供系统的"诊、治、疗、养"全套解决方案。协同创新体制促进了一批国际顶尖优质资源的集聚，在环保科技城充分发挥了"1+1>2"的裂变效应，实现了技术创新链与产业服务链的双向融合，全面增强环保产业持续发展的后劲，形成盐城特色环保产业发展新模式。

3. 产业发展机会

（1）市场规模巨大。2016 年 9 月，国家发改委和环境保护部印发的《〈关于培育环境治理和生态保护市场主体的意见〉的通知》中明确提出，随着生态环保市场空间的有效释放，绿色环保产业不断增长，产值年均增长 15% 以上，到

2020 年，环保产业产值超过 2.8 万亿元。市场主体逐步壮大，培育 50 家以上产值过百亿的环保企业，致力于打造一批技术领先、管理精细、综合服务能力强、品牌影响力大的国际化的环保公司，建设一批聚集度高、优势明显的环保产业示范基地和科技转化平台。

（2）市场更加开放。推动国际化合作，培育国际化的环保企业；实施绿色援助，积极推进公共环境基础设施、污染防治设施建设等环保项目，支持有条件的企业出口成套环保设备，承揽境外各类环保工程和服务项目；结合"一带一路"建设，鼓励企业参与沿线国家的环境基础设施建设，打造中国绿色名片。

（3）激励政策优厚。一是税收优惠政策：落实并完善鼓励绿色环保产业发展的税收政策，研究修订环境保护专用设备企业所得税优惠目录，针对治理修复的污染场地用及以整治荒漠化、沙化的土地，研究制定增加用地指标或合理置换等优惠政策。二是支持科技创新政策：鼓励企业开展环保科技创新，支持环保企业技术研发和产业化带头，推动建设一批以企业为主导的环保产业技术创新战略联盟及技术研发基地；落实企业研发费用税前加计扣除优惠政策；加快自主知识产权环境技术的产业化规模化应用，不断提升市场主体技术研发、融资、综合服务等自我能力。

4. 产业发展劣势

（1）领军企业落地项目规模较小，产业带动性差。引进的领军环保企业不少，但没有形成稳定的开票销售，现有企业销售额最多的也在 3 亿元左右，而镇江、苏州等的环保节能企业销售额达 10 亿元至 20 亿元的不少。本市领军企业对产业带动作用不大。

（2）产业层次低，同质化程度高。本市的环保产品仍以中、低端为主，如引进的菲达、万邦达等上市企业以配件生产为主，产业链条短，技术含量较低，领军企业在享受优惠政策的同时处于观望状态，没有做到积极主动创新。企业缺乏叫得响的、能带动产业生态发展的大订单、大项目，大多是生产的小型除尘器、脱硫设备，并且同质化竞争激烈，产品档次低，品牌效应较弱。

（3）系统集成性弱，良性循环难。园区企业、院所、平台，特别是大牌单位都是从本身的能力特色出发，仅作为原单位生产或科学研究的延伸，缺少协作、整合；没有真正按照园区的规划推进，难以形成整体合力，没有形成产学研一体化链条，系统集成性弱，难以形成产业生态良性循环。

（4）理论创新成果多，落地少。园区国家和名校领衔的研究机构众多，每年创新研究成果和获得的专利不少，但其中理论成果占多数，技术产业化成果占少数，将其变成当地企业的利润来源的更是寥寥无几，导致环保园区的整体产业规模小，还处于政府补贴状态。

（5）政策落实不到位，扶持力度弱。国家、省出台的扶持环保产业的政策，企业对其不了解，或者享受政策的门槛过高，很多初创企业或规模小的企业享受不到。希望加大政策宣讲力度，对地方公共服务平台建设给予倾斜支持。

（6）高端生产要素少，配套能力差。环保企业的大订单、大项目都是个性化的产品，生产这些个性化产品需要的"三高人才"（高端的研究人才、生产技术人才、管理人才），要将其及时整合，涉及的单位系统同样如此，但是真正根植于本地的"三高人才"严重缺乏。环保大订单、大项目的研究和生产经营周期长，风险大，需要创业投资、风险投资体系支撑，金融担保机构配套，这些均有待建立健全。

专栏8：环保产业特点

环保产业的特点分为五个方面：一是环境污染具有外部性、跨区域性；二是环保产业具有制度驱动性；三是环保产业具有跨行业性及解决方案所需的综合系统性；四是环保产品具有个性化与系统集成性；五是环保技术具有高知识含量；五是环保绩效具有长期性、难考核性；六是环保产业风险性高。

5. 产业发展策略

（1）做大做长产业链，提高集中度。继续强化国内、国际化招商力度，向发达国家的环保强国有针对性地招引重特大项目，完善产业链，强化关键环节，使其落地生根并做大规模；同时推进产业重组，提高产业集中度，打造几十亿甚至百亿元级企业。

（2）强化特色，集成系统。围绕园区规划，强化特色要求，以市场为导向，以大订单、大项目为抓手，整合科研机构、生产单位的各类要素，实现对接，形成完整的产业链、集成性系统，构建具在国际竞争能力和特色鲜明的行业生态系统。

（3）引进"三高人才"，加大成果转化力度。大力招引国内外"三高人才"到本地长期工作；制定政策，激励相关单位尽量解决本地订单、项目的技术问题，加大技术创新成果本地化应用考核力度。

（4）增强服务配套能力，推进环保系统解决方案的形成。大力发展环境检测、企业环境顾问、环境工程设计服务，完善污染设施运营管理服务、环境金融服务等配套工程，加速科研机构市场化转型，鼓励企业从设备制造商向综合系统解决方案供应商转变，推进合同环境服务等新模式的发展。

（七）绿色照明产业（建湖县）

1. 产业规模

建湖县是全国最大的螺旋管节能灯生产基地和全国三大节能灯明管生产基地之一，拥有节能灯具各类企业 200 多家，其中亚明、日月、豪迈、东林、光达、诚赢等 26 家在业内有较大影响力；从业人员 2 万多人，其中专业技术人员 2 100 多人；年产明管 10 亿只，整灯产量占全国总量的 10%，销售收入近百亿元。

2. 产业发展优势

（1）产业链体系完整，产品竞争力强。建湖绿色照明产业已形成石英砂→直管→明管→芯柱→粉管→整灯的完整产业链条，具有技术开发、明管生产、整灯制造、国际贸易一条龙生产制造与销售体系。2009 年 4 月，在世界上最大的国际节能灯饰贸易展览——法兰克福展上，日月照明、东林电子、百倍照明等企业最新研制的绿色节能灯具产品获得著名的国际大公司的大量订单。光达照明有限公司还被飞利浦公司授予"全球最佳供应商"称号，是该公司全球 3 000 家供应商中唯一获此殊荣的企业。

（2）产学研联系紧密，技术转化能力强。该地与高等院校、科研院所建立产学研联合体 20 多个，共建研发机构 8 个；拥有国家、省级高新技术企业 8 家、省技术中心 2 家。企业拥有国家专利成果 60 多项，90%以上专利技术已产业化，如豪迈公司自主研发的自镇流冷阴极荧光灯被认定为江苏省自主创新产品，该公司 LED 芯片项目被列入国家级科技成果转化项目。

（3）拥有行业标准制定权，品牌知名度高。百倍集团的生产标准最早被认定为国内生产荧光灯的行业标准，日月照明公司制定的 GB16844 产品标准化体系已被国家质量技术监督局采纳为节能灯最新行业标准，豪迈公司的自镇流冷阴极电子荧光灯被批准成为国家标准。东林电子萤火虫牌节能灯先后荣获国家质量免检产品、中国照明行业十大知名品牌、中国著名畅销品牌，日月公司欣悦牌节能灯、豪迈公司豪迈牌节能灯均被评为江苏省名牌产品，振亚、百倍等品牌深得消费者的青睐。

3. 产业发展机会

（1）白炽灯退出市场。2016 年澳大利亚成为世界上第一个计划禁止白炽灯的国家；欧盟通过一项法案，规定自 2009 年起用 4 年的时间逐步淘汰白炽灯；日本在 2012 年全面禁用白炽灯；美国新的照明节能标准也在 2012 年正式生效。

（2）中国加大了补贴力度。最近几年，中国在加大绿色照明普及的同时，也加大了财政补贴的力度，财政补贴高效照明产品推广项目也在全国各地全面启动，照明行业的领军企业飞利浦、雷士、松下电工等相继中标，积极推动国内绿色照明产业的发展。同时，国家发改委制定出淘汰低效照明产品（白炽灯）路线图，积极推广绿色照明，进一步推动我国绿色照明工程。

（3）国内绿色照明市场潜力巨大。在使用寿命和节能方面，与普通的照明灯具相比，绿色照明灯具有了很大的提升，寿命是普通白炽灯的几倍，同时能量消耗也仅为普通照明灯的三分之一左右，深受消费者青睐，市场潜力巨大。据专家估计，仅中国民用绿色照明市场存在的商机就达 400 亿元人民币。

4. 产业发展劣势

（1）产品层次相对偏低。目前建湖绿色照明产品主要集中于前道明管、粉管等配套产品，整灯、灯饰灯具等终端产品所占比重较小，产业驻地获得的附加值不高。

（2）产业升级压力大。绿色照明产业属于劳动密集型产业，随着沿海地区劳动力成本的上升，制造成本上升压力较大，产业必须走向"微笑曲线"的高端。而建湖灯具企业均借助外力开发新产品，提供新技术，能进行自主开发的高端人才极为缺乏，产业高端的自我造血功能差，产业升级压力大。

（3）品牌覆盖面窄。除了日月、豪迈等分别拥有省级名牌产品外，其他的中小企业品牌创建成效不明显。

（4）龙头企业拉动能力弱。到目前为止，建湖还没有旗舰式、航母型的龙头企业来带动产业向高端、尖端、终端方向发展；同时缺少有影响力的大型专业市场。

（5）外销份额占比偏大。灯具行业中的大部分中小企业还在进行贴牌生产，而且是外贸出口占优，内销市场并不大。当前国际金融环境动荡，对建湖的节能灯具产业影响非常大。

专栏9：商业照明行业特点

商业照明除具备综合使用各类电光源、照明理念满足审美需求等一般特征外，还因专注于营造商业光影环境而区别于其他照明细分领域。一是市场变化较快。主要是产业环境变化速度快，产品更新换代速度快。二是引导消费行为，即通过光影环境的营造，提升顾客消费舒适度，引导消费。三是重视品牌形象。商业照明所营造的光影环境在风格、亮度、色彩、效果等方面与其品牌理念相契合，形成鲜明、独特的品牌形象。四是提供一体化服务。首先是快速专业的设计能力，以应对灯具市场的变化莫测；其次是品牌商连锁经营的商业模式，必须在全国范围内为其直营店、加盟商/代理商的店铺提供风格统一、配置定制化的商业照明系统；再次，必须具备快速的系统设计、新品开发、照明器具供给和物流配送能力，满足其持续调整经营策略和更新业务布局的要求；最后，必须提供良好的售后服务，保障商业照明系统的稳定运行，解除零售终端在光影环境维护上的后顾之忧。

5. 产业发展策略

（1）实施"六快战略"，构建市场快速反应机制。"六快战略"即快速发现机遇、快速设计、快速制造、快速构建商业模式、快速配送、快速维护，以应对市场变化快速做出针对性反应。

（2）引进"双高"人才，引导产业走向高端。引进经验丰富，能把握灯具消费结构变化规律，抢占制高点的"双高"人才，促进产业升级，引导产业走向"微笑曲线"的高端，提高终端产品比重。

（3）产业链条双向突破，扩大品牌覆盖面。双向突破即重点强化灯具的"微笑曲线"关键环节技术开发，做粗产业链，实现横向突破；延伸产业链，形成一体化服务，实现产业链的纵向突破。加强品牌建设，实现品牌全覆盖，打造建湖灯具世界级品牌。

（4）强化招商引资，培育领军企业。招引灯具行业前 10 强企业落户建湖，利用市场机制对现有企业培大育强。

（八）纺织产业（盐城市）

1. 产业规模

目前盐城市共有规模以上纺织企业 636 家，其中棉纺织企业 431 家，拥有棉纺纱锭 400 万锭（含气流纺 15 万头），毛纺锭 7 万锭，麻纺锭 5 万锭，各类织机 3 万多台。2015 年完成开票销售 451.5 亿元。

2. 产业发展优势

（1）产业链条上的各环节基本完备。纺织产业已经形成棉纺、化纤、印染后整理、茧丝绸、服装、产业用和家用纺织品等较完整的产业链条。

（2）产业集群特色鲜明。一是定位于高端纺织的悦达纺织科技园，由悦达集团投资兴建，主产品为紧密纺、涡流纺、高档精梳纱线、面料，针织内外衣、家用纺织品、产业用纺织品等高科技生态系列纺织产品，成为具有核心竞争力的全市高科技纺织"航母"。二是定位于高端染整的射阳县纺织染整产业园，全力打造高档纱线、高端面料、高端染整和名牌服装一条龙的特色产业格局。三是一批纺织特色镇，如建湖县庆丰镇、东台市安丰镇、富安镇、许河镇、亭湖区盐东镇等"江苏省纺织产业名镇"。

（3）大企业数量多。盐城市拥有悦达纺织集团有限公司、江苏宏泰纤维科技有限公司、德赛化纤有限公司、澳洋科技等 13 家销售超 10 亿元的重点企业，带动产业发展（见表 16）。

表 16　盐城纺织企业 2015 年和 2016 年 1—8 月销售收入
统计及全市百强企业排名　　单位：亿元

序号	2015 年全市排名	企业名称	2015 年	2016 年 1—8 月
1	18	江苏宏泰纤维科技有限公司	20.1	13.9

表16(续)

序号	2015 年全市排名	企业名称	2015 年	2016 年 1—8 月
2	22	阜宁澳洋科技有限责任公司	17.5	14.9
3	29	江苏德赛化纤有限公司	13.0	7.4
4	35	江苏瀚隆家纺有限公司	10.2	9.0
5	41	大丰海聆梦家纺有限公司	9.6	6.6
6	42	江苏金防纺织有限公司	9.4	1.9
7	50	江苏双山集团股份有限公司	7.7	6.0
8	56	盐城福汇纺织有限公司	7.1	6.2
9	60	江苏省华宝纺织有限公司	6.3	4.3
10	63	江苏东华纺织有限公司	5.9	5.3
11	68	江苏沙印集团射阳印染有限公司	5.7	5.5
12	72	江苏日升纺织有限公司	4.8	4.3
13	85	江苏中恒纺织有限责任公司	4.1	4.1

3. 产业机会

（1）构建跨国产业链。世界经济发展加快，为构筑以中国为主的跨国现代产业链和价值生态系统提供了有利时机。

（2）升级产业链。"中国制造2025"的实施等为中国纺织工业创造了产业升级的有利时机。

（3）"第三次工业革命"。一些主要发达国家实施"再工业化"的过程中，不得不花工夫、花气力去弥补以往"去工业化"所造成的产业结构缺失和克服经济缓慢复苏所带来的种种制约。这为中国抢占"第三次工业革命"先机，加快纺织强国建设提供了有利时机。

（4）重新构建产业价值生态系统。云经济时代为整合跨国创新资源，探索有中国特色的产业价值生态系统，扩大产业价值新增长空间创造了有利时机。

（5）培育新增长点。产业用纺织品、家用纺织品等子行业成为纺织产业链上的新增长点。

4. 产业劣势

（1）整体小而分散，集中度低。据 2015 年数据，平均每个企业不到 2.2 万纱锭，年销售收入 0.71 亿元，其中 20 亿元以上的企业仅一家。纺织企业规模普遍偏小，数量多，产业集中度差，抗风险能力差，不利于资源的合理配置和构建全产业链和整体竞争优势。

（2）设备较为落后，技术结构层次低。万锭自动络筒机台数、精梳台数、无梭织机比重、无结头纱、精梳纱所占比重等均低于全省平均水平。

（3）产品档次低，附加值不高。产品以纱和布为主，纱和布又以初加工的粗支纱和白坯布为主；上游产品总量大，档次低，基本雷同；下游深加工产品的总量小，缺少附加值高的名牌产品。

（4）产业链条短，盈利空间小。深加工环节比例小，与纺织相配套的后道印染、功能性整理等后道工序刚刚起步。服装占比低，无自主品牌，大部分为来料加工，盈利空间不大，占领市场的能力不强。

（5）科技开发能力不强，缺乏发展后劲。高性能纤维已成为新材料之一，盐城还是空白；与国际先进纺织机相比，盐城市的纺织机械在工艺性能、产品软件开发能力、机器的精度和稳定性及能耗等方面均和苏南和浙江地区有明显差距；产品原创能力差，加工和贴牌多，并且缺少专业技术人才、生产技工和熟悉纺织专业的管理经营人才。

（6）社会化服务水平较低，公共服务体系不健全。设计研发、质量检测、人员培训、信息化等各项工作都跟不上，社会服务也跟不上。

专栏 10：纺织服装的四大"新常态"、四大新特点

纺织服装的发展将呈现四大"新常态"和四大新特点。

（1）四大"新常态"：一是内需消费结构升级加快，二是国际竞争格局调整重构，三是生产要素比较优势改变，四是资源环境的约束力不断增强。

（2）四大新特点：一是经济增长逐步减速换挡；二是结构调整支持行业稳定发展；三是创新驱动行业的转型升级；四是资源配置优化纺织发展新格局。

5. 产业发展策略

（1）推进"三化"战略。"三化"战略即纺织产品高端化、品牌化，纺织设备智能化，以促进产业向"微笑曲线"的高端发展。

（2）重构产业价值新生态。抓住"互联网+""中国制造2025"等机遇，利用中国纺织业升级新契机，重新构建纺织产业价值生态系统。

（3）打造高端特色产业集群。提高纺织产业集聚区的专业化、集约化水平，以专业园区和纺织特色镇为主要载体；以创新为驱动，集聚高层次生产要素，走钻、精、尖、特道路，重点培育和壮大盐城高端特色纺织产业集群。

（4）发挥大企业的带动作用。以大企业为龙头，终端产品为抓手，提高产业链高附加值的关键环节上下游的配套率，打造特色的高端纺织大企业。

（九）化工产业（滨海、阜宁、大丰）

1. 产业规模

目前全市化工企业大部分进入滨海、阜宁、大丰 3 个化工园区，重点围绕盐化工、农用化工、医药化工、石油化工进行建设，加强上下游产品链接、配套。

2. 产业发展优势

（1）产品特色鲜明，实施集群发展。重点围绕盐化工、农用化工、医药化工、石油化工产业，推动企业集聚、产业集群发展。盐化工以大和氯碱、盐海化工、海兴化工等企业为龙头，形成了以氯、氯化氢、碱等产品为主的产业集群；农药化工以联化科技、辉丰农化、天容股份、丰山农药等企业为龙头，形成了以高效、低毒、低残留农药产品为主的产业集群；医药化工以普信药物、正大丰海、海嘉诺、开元化工为龙头，形成了以抗癌、艾滋病、精神病药物及其中间体为主的产业集群；石油化工以裕廊石化、海力化工为龙头，形成了以 MTBE、丙烯酸、环氧氯丙烷、己二酸、己内酰胺等石化产品为主的产业集群。

（2）实施"三化"战略，规模企业的品牌和实力较强。全面实施产业高端化、企业规模化、产品终端化战略，淘汰规模小、污染重、隐患多的中小企业；2015 年化工产业完成投资 150 亿元，培育壮大科技含量高、发展前景好的成长性企业；全市销售前 100 名工业企业中，化工企业占 12 家（见表 7）。拥有大和氯碱、清泉化工等国家高新技术企业 28 家，丰山、辉丰等中国驰名商标 6 个，裕廊化工牌丙烯酸、威力士牌乐果等江苏名牌产品 29 个。联化科技、科利新材料、海嘉诺医药等企业产品，在国际、国内市场均具有一定知名度和较大市场份额。

表 7　盐城化工企业 2015 年和 2016 年 1—8 月销售收入统计

及全市百强企业排名　　　　单位：亿元

序号	2015 年全市排名	企业名称	2015 年	2016 年1—8 月
1	4	江苏博汇集团有限公司	101.7	58.3
2	11	江苏辉丰农化股份有限公司	28.9	18.0
3	20	江苏吉华化工有限公司	17.8	8.8
4	32	江苏剑牌农化股份有限公司	10.6	6.4
5	37	江苏双多化工有限公司	10.1	4.0
6	46	江苏长海化工有限公司	8.5	5.5
7	47	江苏丰山集团股份有限公司	8.5	7.1

序号	2015 年全市排名	企业名称	2015 年	2016 年 1—8 月
8	61	江苏腾龙生物药业有限公司	6.0	4.3
9	70	大丰海嘉诺药业有限公司	5.5	4.0
10	74	江苏八巨药业有限公司	4.7	0.9
11	78	江苏清泉化学股份有限公司	4.4	3.8
12	89	盐城捷康三氯蔗糖制造有限公司	3.6	2.9

（3）实现减量排放，构建信息监测体系。大力推进化工产业废弃物集中处理、减排，加快建设专用明管，实现一企一管，保证化工企业废水达标排放。全市 4 个化工园区建成投运总设计能力达 4.14 万吨/年的固废焚烧处置中心。加强信息化监测体系建设，滨海、响水、大丰化工园区均建立了集污染源监控、环境质量监控和图像监控于一体的环保数字化在线监控中心，对重点污染源和污染物实行动态监测监控。响水建立了废气监测实时预警机制，对大气中氯气、氯化氢等 8 个污染因子实行 24 小时监测。

3. 化工产业机会

（1）产业重心东移。全球经济发展不均衡，石化产品消费市场重心继续东移。

（2）城镇化加速发展，消费升级拉动。新型城镇化拉动各类装饰材料的消费，带动化工产业发展，居民消费习惯超越"温饱型"达到"发展型"，部分达到"中等发达型"带动消费升级，促进高性能且绿色安全的高端化工产品需求较快增长。研究表明，目前有96%的日用消费品生产与化工产品相关。

（3）经济转型升级拉动。中国现在大力推进去产能，产业升级，将促使化工新材料等高端产品需求更快增长。

（4）"一带一路"建设和"自贸区"建设。在转移工业消费品生产能力的同时，转移传统化工生产能力，促进国内化工走向高端化。

4. 产业发展劣势

（1）企业数量多，单体体量小。2015年仅有1家超百亿元的企业，超十亿元的企业只有七家，亿元以下企业达249家，占全部的75%。具有较强市场竞争力的大中型骨干企业为数不多，缺乏能支撑跨越发展的战略性、旗舰型的炼化一体化项目，数量众多的中小企业安全生产管理的水平参差不齐且整体水平较低。

（2）产业内部的关联度弱，上下游配套差。园区是在政府行政干预下形成的，大部分企业都在独立发展，产品关联程度不高，只有部分中小企业产品配套于当地大化工企业。

（3）产品同质化严重，技术含量低。化工产品多数处于技术链、价值链的低端，终端产品中高端化、专用化、精细化的产品所占比例偏低，产品附加值相对较低。

（4）企业研发投入不足，公共研发机构是空白。省级技术中心比例较小，没有一家国家级技术中心；开发新产品和新技术的能力和动力不足，缺乏自主开发、拥有自主知识产权的新产品，产品竞争力不强，抗风险能力差。

（5）大企业装备水平较高，中小企业仍靠人工控制，先进的DCS集散控制等自动化系统没有得到普遍应用。

（6）要素制约较重，出现"三难"现象。"三难"即融资难、用工难和获得行政许可难，这已成为化工产业发展面临的主要难题。由于行业特殊性，金融部门对其支持力度小，中小型企业自身造血功能差，技改投入大，中小企业为了保证运行，不惜从民间借贷；由于地域和行业原因，员工招不进、留不住，劳动力成本高，技术工人缺乏，依赖农民工从事化工的高危工作，人为事故时有发生；获得行业行政许可周期长，而精细化工产品的生命周期较短，往往手续合法之时也是市场失去之日。

（7）产业配套功能不足，服务功能不完善。政府和园区侧重于生产企业的引进和培育，而忽视了对配套产业的扶持与发展，如与之相配套的物流、贸易、研发、设备调剂等功能性项目严重不足。仅以滨海、响水园区为例，目前拥有化工生产企业近 200 家，年产值近 400 亿元，原料消耗 200 多亿元，但没有一家大型的化工物流和贸易企业落户园区，进行产业配套。园区内包装物的消耗数量庞大，却全部依赖上海、广东等地区提供。

专栏 11：世界化工园区的特点

一是依靠主要消费区或资源地，交通运输便利，配套设施完善，关联产业发达。

二是装置大型化，炼化一体化，产业集中度高，规模效应明显。

三是发挥自身优势，重视特色化建设。

四是采用全方位一体化的建设和生产运行理念。主要是项目设计一体化、产业结构一体化、管理运营一体化、公用工程一体化、环境保护一体、物流运输一体化、以产业链和产品链联系在一起，形成较为完善的运营体系。

五是投资主体之间以产业链和产业关系为纽带，合作关系长期稳定。

5. 产业发展策略

（1）推进资产重组，培大育强企业。利用市场机制，坚决淘汰小化工，壮大企业规模，提高产业集中度，形成规模经济。

（2）强化特色建设，完善产业链条。强化化工园区的特色，发挥现有大企业的龙头作用，推动关联企业向园区集聚，构建较为完整的产业链条，实现装置大型化、生产一体化，打造国内有特色、有影响的化工产业集群。

（3）加大招商力度，促进产业升级。利用盐城市响水、滨海盐田后备土地资源的优势，抓住我国发达地区转型升级、大化工产业迁移的契机，大力招引世界或中国五百强企业落户化工园区。大力推广核心企业模式和联合生产模式，促进盐城化工产业走向高端化、特色化、品牌化。核心企业模式即以特色产品为核心，辐射、扩张而建设的化工园区，联合生产模式即以世界级规模的大型化工装置为龙头，以产业和产品链的衔接为纽带，构建大化工园区。

（十）农产品加工业（东台市）

1. 产业规模

东台市现有农业规模企业 284 家，2015 年全市规模以上龙头企业销售达 378 亿元，农产品加工产值达 390 亿元。

2. 产业发展优势

（1）产业特色化。东台围绕农业生产逐步形成了瓜果蔬菜、海水产品、禽蛋制品、甜菊糖、茧丝绸、精制粮油、保健食品、健康肉制品 8 大特色产业。

（2）产品品牌化。东台农产品获得"中国地理标志"称号的有 2 家，中国名牌产品、中国驰名商标各 1 个，18 个龙头企业产品荣获省级名牌产品或被认定为省著名商标。196 个品种获得无公害农产品标志认证，37 个品种获得绿色食品标志认证，5 个品种获得有机食品认证。

（3）生产加工园区化。东台农产品加工园划分为健康农产品、绿色畜禽产品、特色水产品、中小企业创业园和储运物流集散中心 5 个主要功能区。中粮肉食（江苏）有限公司、东台润洋甜叶菊高科有限公司等 22 家规模以上企业入驻园区，企业总数近 50 家。富安茧丝绸等乡镇特色园区也是其代表之一。

（4）龙头企业引领。一是引领产业升级。利用中粮、华大等龙头企业来引导企业从事标准化生产，加速由传统农业向规模型、效益型的现代农业转变，最终将农业资源优势转化为市场优势，带动全市培育了一批成长型、科技型、产业关联度大的农业龙头企业。二是引领特色产业集群建设。实施 20 强龙头企业培育工程，提升农产品加工水平，弥补产品加工方面的不足，拉长产业链，通过做深、精、尖农产品，获取更多附加值。现已涌现出一批规模大、加工能力强、示范带动效果好的龙头企业共 11 家，位居全省前列。在龙头企业引领下，东台市瓜菜、畜禽、水产养殖等特色主导产业快速发展，都市食品、蔬菜、肉制品、海水产品等产业发展集群逐渐形成。

（5）产业体系化。在农产品生产方面，东台市利用农业示范园区打造集现代农业新品种、新技术、新模式的试验、示范、培训、推广于一体现代农业生产体系，为农产品提供标准质量的原料。在农产品加工方面，中粮集团投资 40 亿元，形成集生猪养殖、屠宰、肉制品深加工及冷链物流于一体的生猪产业链。华大集团公司通过饲料生产、绿色养殖、精深加工、精细检测、冷链物流的全产业链模式，保障食品安全，产品通过欧盟 HACCP 质量体系认证、日本 JAS 有机食品认证，取得畅销全球"通行证"，同时也成为全国唯一的原产地鳗鱼产业链企业。

3. 产业发展机会

（1）政策扶持。2012 年，《国务院关于支持农业产业化龙头企业发展的意见》（国发〔2012〕10 号）发布，农产品加工增值税和所得税优惠范围扩大，产地初加工补助政策启动实施；2016 年中央一号文件强调支持粮食加工业，支持农民合作社发展农产品加工流通业，推进农产品精深加工技术研发等。

（2）深化改革。推进土地、户籍和补贴制度改革，鼓励和引导工商资本进入农业，赋予农民更多财产权利，鼓励承包经营权向家庭农场、种养大户、合作社、农业企业等新型经营主体流转，对农产品加工业融资、用地、基地建设等起到积极的促进作用。

（3）消费结构快速升级。从国际经验和规律看，工业化、城镇化快速发展的阶段，也是农产品加工业高速成长的时期。我国正处工业化中期，城镇化率达到 52.37%（2016年数据），大量农村人口进入工业、服务业和城镇。2015 年人均 GDP 已超 8 000 美元，进入中等偏上收入国家行列，加工品消费大幅度上升，为产业发展提供了巨大的内生动力。

（4）发展环境持续向好。一是产业关联度高、带动能力强、基础支撑作用大，受到各地重视和政策支持；二是具有长期和稳定回报、蕴藏价值巨大、政策相对优惠等特点，使社会力量加大了资源要素投入；三是具有就地收购、就地加工、带动就业等好处，深受农民的欢迎，这些都为农产品加工业的发展营造了良好的氛围。

4. 农产品加工产业的劣势

（1）产业系统集成化弱。农产品加工集中区的很多企业只是在空间上集聚，并没有形成产业联动，使得企业在市场竞争中单打独斗，企业之间也没有沟通和联合。农产品加工集中区聚集效益差，辐射带动力弱，不利于降低企业发展成本，实现资源的集约与循环利用。

（2）信息化服务集成度低。特色优势农产品在原料生产、产品加工及流通等环节缺乏及时、有效、全面的信息集成共享，市场供求信息不能快速、准确传递，导致部分农产品原料生产盲目扩张和集中上市，造成价格不稳定，影响了园区建设的质量和效益。

（3）加工成本增长较快。一是劳动力成本攀升；二是农产品价格上涨，直接使企业生产成本增高；三是水、电、气等能源价格增长；四是废弃物和污水处理成本增加。

（4）研发和创新能力有限。中小型农产品加工企业多数没有研究开发机构，大型和龙头企业虽然成立了研发部门，但研发不足，产品核心竞争力不强，集聚园区的产品品牌效应难以显现。

（5）专用原料缺乏。农产品以满足鲜食为主，加工专用品种的选育和原料基地建设滞后，原料混合种养、混合收购、混合加工现象严重，农产品加工企业生产普遍面临原料品质差、专用原料供应难以保障等问题，直接影响到加工制成品的质量和效益。

（6）高端技术装备水平落后。精深加工和综合利用技术装备只有部分龙头企业拥有，大部分企业只有初级加工设备，仅能满足农产品储藏、保鲜、烘干等基本加工的需要。

（7）企业规模偏小。园区规模以上企业占比不到10%，销售收入达50亿元以上的、能够带动农产品加工产业生态建设发展与变革的龙头企业连一家都没有。

专栏12：发达国家农产品加工产业特点

一是规模庞大。很多是跨国公司，如达能、雀巢等，年销售收入达百亿元以上。

二是加工水平高，科技含量高。如玉米被精加工成3 000多种产品，尤其是深加工成各种氨基酸类，比原产品增值几百倍。

三是产品向安全、绿色、休闲方向发展。

四是产业体系完整。农产品从生产、收购、分级、清洗、加工，到包装、贮藏、运输、销售，各个环节密集配合，全程监督。

五是科技有力支撑。不惜以高投入（高科技、高自动化设备）和大量的能源消耗来克服劳动力成本过高问题，以集约化、规模化求效益，打造超大食品加工世界级企业。

六是经营管理水平高。跳出传统的内部成本、生产管理的局限，侧重于全球配置资源的战略选择与调整，竞争从低层次的价格战上升到高层次的战略选择、资源配置与共享。

5. 产业发展策略

（1）原料专用化。强化特色农产品专用原料的生产，避免大路货。

（2）产业融合化。一、二、三产业融合发展，从田间到餐桌的产品三大产业全程配套合作生产。

（3）加工精深化。以高科技投入、高设备投入，促进农产品向精、深、尖方面升级。

（4）企业规模化。着力打造五十亿甚至百亿级航母企业，带动盐城农产品加工走向高端化。

（5）产业生态化。农产品从生产、收购、分级、清洗、加工，到包装、贮藏、运输、销售，各个环节密集配合，构建安全、绿色、健康、特色的农产品生产加工产业生态系统。

（6）信息集成化。构建农产品系统集成共享平台，降低农产品生产、加工风险，降低交易成本。

（十一）海洋生物产业（大丰区）

1. 产业规模

目前该区拥有海洋生物企业达 20 家，苏海制药、新洲医药等 4 家规模企业已建成投产，创诺医药、明月海藻等 6 个在建重大项目正在加快推进之中。近期以海洋生物医药、蓝色旅游为建设重点，努力构建海洋生物医药研发与孵化平台，打造海洋生物医药产业集群，通过突破项目，建立平台，力争把园区打造成百亿元园区。2015 年全市海洋生物产业实现开票销售 67. 11 亿元。

2. 产业发展优势

（1）产业发展方向明确。着重培育"海洋生物、盐土农业、蓝色旅游、海洋慧谷"四大特色产业，主攻海洋生物医药、海洋生物食品、海洋生物化工、海洋生物能源、海洋生物新材料五大方向。

（2）海洋生物资源丰富。全市有潮间带浮游植物 190 种，沿海近岸浮游动物 98 种，底栖固着性藻类 47 种，鱼类 20 种，贝类以文蛤、青蛤、四角蛤、泥螺等为主，年产泥螺等达 4 000 多吨。

（3）产业集群初具规模。围绕盐土农业产业集聚、科技创新示范、技术培训与盐土旅游三大特色功能，园区积极寻求盐土农业的科技突破。目前正在建设的盐土大地农业科技园已被认定为国家农业科技园区。仅 2013 年，该园区就吸引了 25 家企业入驻，开展盐土种植业、盐土养殖业和种苗产业，推广耐盐蔬菜种植面积 3 000 亩，实现经济效益 4 800 万元，滩涂稻麦种植面积达 2 万亩，年收入 5 000 多万元，开发出 5 种耐盐蔬菜种子加工而成的高档食用油及保健品，成功打开海外市场，年出口创汇 2 000 多万元。大丰"以蓝色旅游融入海洋生物产业，以海洋生物产业带动蓝色旅游"，融合港区、港口、港城风景，发展以"滩涂生态湿地"为主题的观光休闲与科普互动的黄海特色旅游，成为中国东部沿海知名旅游区。

（4）创新平台体系初步构建。国家海洋药物工程技术研究中心、南京工业大学海洋生物能源研究室、中科院海洋生物医药研究室、国家海洋局生物遗传资源重点实验室、江苏生物活性物质及疫苗研究室等科研平台机构已入驻海洋产业研究院新大楼，为海洋生物产业提供智力和技术支撑，初步形成创新型产业集群。有3位院士带团队入驻园区，他们的研究项目将与企业对接，推动海洋生物医药产业化发展。

3. 产业发展机会

（1）资源基础坚实。我国海洋生物遗传资源，具有丰富多样性，水产养殖发展良好。自1990年起，我国就成为世界第一渔业大国、第一水产养殖大国，海水养殖产量占全球60%以上。

（2）海洋生物新产品不断涌现。海洋生物抗病毒国家二类新药"藻糖蛋白"已进入Ⅲ期临床试验，有望获国家新药证书；早期肾损伤诊断试剂盒突破了国内人体医学诊断行业的重大技术瓶颈和产品国外垄断；国内首个鱼用活疫苗通过海洋兽药注册；壳聚糖类骨钉产品等一批生物相容性良好的海洋生物材料制品广受市场好评。

（3）集聚发展态势初步形成。该区形成广州、湛江、厦门、舟山、青岛、烟台、威海和天津 8 个国家海洋高技术产业基地，以及上海临港、江苏大丰、福建诏安、大连 4 个科技兴海产业示范基地；初步形成以广州、深圳为核心的海洋医药与生物制品产业集群和福建闽南海洋生物医药与制品集聚区等。

4. 产业发展劣势

（1）产业链条不完善。该产业刚起步，处于规模扩张阶段，导致尽管入园企业较多，产业上下游关联程度不大，链条不完善；大企业集团较少，产业集中度不高。

（2）产业配套不全。主要是与海洋生物产业相关的冷链物流、保鲜技术等生产服务产业配套不全。

（3）产品低端。大部分产品还处于养殖和初加工阶段，精深加工产品欠缺。

（4）技术转化成果少。尽管建立了海洋生物产业研究院，但是建院时间不长，海洋医学产品研制周期长、风险大，真正在大丰落地的海洋药品还没有。

专栏 13：海洋生物产业特点

一是海洋生物药品开发周期长，风险大。通常从 1 万多种化合物中，仅能找到 1 种具有药用价值。海洋生物医药的研发是个"万里挑一"的艰苦过程。1998 年，中国海洋大学开始从海藻中提取成分，研制治疗阿尔茨海默病的药物；经过 10 多年的努力，该药才进入Ⅲ期临床试验阶段。

二是科研成果转化率低。我国海洋药物存在科技链不畅、成果转移受阻、转化率低等问题。国外技术产业化率达到 30%，而我国仅为 5%。

3. 产业发展策略

（1）做大规模，构建产业生态。依据产业特色继续加大招商引资力度，围绕大项目，完善产业链条，加大产业配套功能建设力度，构建产业生态，做大产业规模。

（2）做精产品，提升产品档次。现有的海洋生物产品特别是初加工的产品，要对其做精做深加工，延伸产业链条，提升档次，强化品牌建设。

（3）做特产品，打响本地品牌。加大技术创新力度，强化知识产权保护，开发和引进新产品并举，利用园区现有技术力量尽快做出有特色的、真正属于本地的海洋生物产品，在本地落地生根，构建产业链条，打响盐城海洋生物产品品牌。

（十二）金属新材料产业（响水县）

1. 产业规模

响水合金新材料产业园规划 15 000 亩，主要发展镍铁合金、不锈钢制品、有色金属及制品、热轧和冷轧等项目。德龙镍业一、二期工程共投资 60 亿元，年产 100 万吨镍铁合金，未来达 120 万吨，2015 年实现开票销售 100.3 亿元。响水巨合金属制品项目总投资 40 亿元，年产 250 万吨不锈钢制品，该项目与中国一重合作的不锈钢热连轧项目采用国际最先进生产设备和国际最先进的"1+7"不锈钢连轧全自动生产线，项目投产后年新增销售 500 亿元，税收 10 亿元。

2. 产业发展优势

（1）产业特色鲜明。产业园产品聚焦高附加值的特种金属新材料，如镍铁合金、不锈钢制品等产品系列，服务于航天、航空铁路、船舶、海洋工程等高端装备制造业。

（2）产业体系初步形成。围绕重特大项目产业链，产业园将项目从低端延伸至项目中端、高端，不断提升项目竞争力及市场抗风险能力。以江苏德龙镍业有限公司为核心，建设从镍铁合金材料、不锈钢精炼、热轧冷轧不锈钢板、不锈钢制品等全产业链；现重点实施合金材料生产、不锈钢精炼、热轧薄板、冷轧板、不锈钢制品、物流贸易中心等 16 个项目，计划总投资 643 亿元。

（3）重大项目纷纷落户。巨合金属制品有限公司正在实施年产 250 万吨不锈钢板材项目，2 台连铸轧生产线和 3 条酸洗生产线的车间正在建设，设备已经购置。江苏荣鑫伟业新材料项目主要厂房已经建设完成，各种生产设备正在进行安装调试，即将试生产，项目正式投产后将改变中国还原铁市场主要依赖进口的现状，预计年销售收入 160 亿元。德力新材料科技有限公司年产 80 万吨不锈钢铸件项目，响水德丰金属材料有限公司年产 120 万吨不锈钢棒材项目，均于 2016 年 3 月开工建设，目前已完成土地规划、立项、营业执照办理。

（4）研发平台落地生根。园区引入江苏东创合金新材料研究院，正在启动相关运营准备工作，依托现有不锈钢研究所，加强与国内外不锈钢研究机构合作，在现有 25 名研发人员的基础上，引进培养人才，形成超过 100 名研发人员的研发阶伍，成立合金材料研究中心。

3. 产业发展机会

工业和信息化部发布的《新材料产业"十二五"发展规划》明确了高端金属结构材料的发展方向。

（1）高品质特殊钢，即以满足装备制造和重大工程需求为目标，发展高性能和专用特种优质钢材。重点发展核电大型锻件、特厚钢板、换热管、堆内构件用钢及其配套焊接材料，加快发展超超临界锅炉用钢及高温高压转子材料、特种耐腐蚀油井管及造船板、建筑桥梁用高强钢筋和钢板，实现自主化。积极发展节镍型高性能不锈钢、高强汽车板、高标准轴承钢、齿轮钢、工模具钢、高温合金及耐蚀合金材料。

（2）新型轻合金材料，即以轻质、高强、大规格、耐高温、耐腐蚀、耐疲劳为发展方向，发展高性能铝合金、镁合金和钛合金，重点满足大飞机、高速铁路等交通运输装备需求。积极开发高性能铝合金品种及大型铝合金材加工工艺及装备，加快镁合金制备及深加工技术开发，促进镁合金在汽车零部件、轨道列车等领域的应用。积极发展高性能钛合金、大型钛板、带材和焊管等。

4. 产业发展劣势

（1）产能置换问题突出。工业和信息化部发布了《钢铁行业规范条件》（2012 年修订），新版条件自 2015 年 7 月 1

日起实施，严格控制新增钢铁生产能力，在长三角、珠三角等环境敏感地区，实施减量置换，不得新建独立炼铁、钢、热轧企业，钢铁企业须全面配备节能减排设施。

（2）环保审批难度加大。工业和信息化部自 2012 年以来分三批累计公告不锈钢产业 305 家规范企业名单，涉及不锈钢炼钢产能近 3 000 万吨，因此单纯发展不锈钢产业面临未来的环保审批门槛问题。

（3）招商引资困难重重。随着国家钢铁去产能、节能减排的各项措施纷纷出台，有些钢铁产品处于限制发展或停止审批状态，金属新材料产业发展出现瓶颈，加上此产业项目又是大投入、大产出，项目风险大，为招商引资带来很多困难。

专栏 14：重大装备关键配套金属结构材料产品分布

电力：核电用汽轮机转子锻件、发电机转轴锻件、承压壳体材料、换热管材、堆内构件材料、锆合金包壳管等；超超临界火电机组锅炉管、叶片、转子；燃机用高温合金叶片、高温合金轮盘锻件；水电机组用大轴锻件、抗撕裂钢板、薄镜板锻件等。

交通运输：轨道列车用大型多孔异型空心铝合金型材、

高速铁路车轮车轴及轴承用钢；车辆用第三代汽车钢及超高强钢、高品质铝合金车身板、变截面轧制板、大型镁合金压铸件、型材及宽幅板材等。

船舶及海洋工程：船用高强度易焊接宽厚板、特种耐腐蚀船板、货油舱和压载舱等相关耐蚀管系材料、殷瓦钢等；海洋工程用高强度特厚齿条钢、大口径高强度无缝管、不锈钢管及配件、深水系泊链、超高强度钢等。

航空航天：高强、高韧、高耐损伤容限铝合金厚、中、薄板，大规格锻件、型材、大型复杂结构铝材焊接件、铝锂合金、大型钛合金材、高温合金、高强高韧钢等。

5. 产业发展策略

（1）加大招商力度，完善产业链条。推动金属材料向全产业链发展，加快引进一批产业链高端、能补充产业链的大项目，着重招引不锈钢冷轧材料、不锈钢制品加工和现代物流项目，把金属新材料产业向终端产品延伸。

（2）强化技术改造，促进工艺升级。引导企业采用新技术、新工艺、新装备、新材料，对已投产的一、二期项目进行技术改造，重点实施镍合金生产工艺设备升级改造、电炉渣处理技术改造、烟尘脱硫生工艺升级改造、余热回收利用等项目。

（3）实施强强联合，推进战略重组。利用后备土地资源丰富的优势，加大跨地区兼并、境外并购和投资合作，招引世界或中国五百强企业来洽谈，实施强强联合，推进战略重组，把产业园打造成江苏知名金属新特材料园区。

四、盐城工业发展环境分析

好的工业发展环境是工业强市发展的立足根基、支撑条件和重要的决策依据。盐城工业强市发展必须深深根植于盐城市的现实工业发展环境之中。工业发展环境涉及宏观经济情况与趋势变化状况，对重要资源集聚与开发利用的水平，转型发展的素质与能力，以及产业基础条件、面临的机遇和挑战等重要方面。下文试图从宏观背景、市域环境、县域环境和机遇挑战四个方面，具体分析盐城工业强市的现实环境。

（一）宏观背景

1. 国际经济总体趋于稳定

国际经济形势错综复杂，美欧经济宏观基本面总体可控，一定时期内不会出现系统性重大金融贸易和经济增长失速的风险。一方面，从主要经济体的情况看，美国经济发展势头依然强劲。美国采取积极财政货币政策刺激经济发展，实施重振制造业战略和出口倍增计划，加大对页岩气等新能源、新技术和新产业的扶持力度，有力促进了结构调整和经济增长。近年美国非农数据表现强劲，失业率已经下降到较低水平，消费、投资、出口和房地产形势明显好转，总体来说，美国在发达经济体中依然处领先地位。针对欧元区，欧洲央行实施大规模量化宽松政策，欧元汇率大幅贬值。欧盟实施大规模基础设施投资计划，提振市场信心和发展动力，经济逐步开始恢复增长。另一方面，世界经济仍处在国际金融危机后的调整期，全球产业结构深刻调整，世界经济发展仍存在不确定性，国际贸易高壁垒、区域化成为新特征。世界经济复苏态势虽趋改善，但根据国际货币基金组织的预测，2016—2020 年预计世界经济增长 3.9%，主要经济体增速仍处于较低水平，外需对我国经济的拉动作用难以明显提升。

2. 国内经济发展长期向好

我国经济长期向好的基本面没有变，新常态下经济正在向发展形态更高级、产业分工更复杂、经济结构更合理的阶段演化，当前处在增长速度换挡、结构调整阵痛、前期刺激政策需要不断消化的"三期叠加"阶段，产业转型升级任务艰巨，传统增长动能减弱，新的动能还不足，国内需求总体偏弱。江苏转型创新发展的推进态势没有变，综合经济实力和发展水平不断提升，全省的发展动力正在加快转换，发展空间不断拓展优化，发展路径越来越清晰。总体看，我国经济维持中高速增长趋势不会改变，盐城工业发展所处的国内环境总体向好。

（二）市域环境

1. 市域环境优势

（1）工业强市基础不断夯实。盐城市工业经济实力增强，推进工业强市工作的基础良好。"十二五"以来，全市坚定不移地走新型工业化道路，工业经济保持了良好的发展态势，为进一步加快推进工业强市建设奠定了良好的基础。

一是工业经济保持平稳较快增长，工业的基础和主导地位进一步巩固。"十二五"期间，全市规模以上工业增加值由989.8亿元增加到2 061.3亿元，2015年全口径开票销售达到4 279.5亿元，苏北领先地位进一步确立。工业企业实现增加值占全市比重保持在 40% 左右，贡献显著。2018 年全市实现工业企业经开票销售 4 528 亿元，增长 17%，高于全省平均水平 4.3 个百分点，工业总量仍领先于苏北各市。

二是大企业集团加快发展。全市开票销售超百亿元工业企业达到 4 家，上市企业 10 家，"新三板"挂牌企业 20 家。2015 年，全市完成规模以上工业投资 2 003.1 亿元，50 多家央企在盐落户投资，东风悦达起亚三工厂、德龙、博汇等一批事关盐城长远发展的项目建设运营。2016 年 1—8 月，全市在建 10 亿元以上重大产业项目 10 项，其中新开工 4 项。

三是工业生态环境稳步改善。盐城市生态环境保护长效机制逐步健全，积极推广节能环保、循环利用等技术，加快淘汰落后产能，资源节约集约利用水平显著提高，蓝天、清水、绿地工程加快实施。城市空间有效拓展，新城建设取得突破性进展，城乡面貌焕然一新。

（2）工业转型成效逐步显现。盐城市在工业企业创新能力提升、绿色发展、两化融合、资源集聚等方面出台了大量的政策，落实多重具体措施，全市工业转型发展成效逐步显现。

一是产业结构持续优化。通过实施两化融合、智能制造等产业升级手段，全市机械装备、纺织、化工等传统产业焕发新的生机和活力，汽车、机械装备产业开票销售突破千亿元；新兴产业蓬勃发展，年均增长 30%，节能环保、新能源产业加速崛起，成为全省最大的风电装备产业基地和重要的节能环保产业基地。大数据产业迅速崛起，全市信息化水平总指数达 82.5。高新技术产业快速发展，2015 年产值达 2 455.4 亿元，增长 20.1%，占规模以上工业比重达 28.8%。截至 2018 年年底，全市 5 亿元以上制造业项目 56 项，较上年同期增加 24 项。全市在建亿元以上重点工业项目 379 项，当年完成投资 668.2 亿元，超过年度计划的 1.2 个百分点。其中新开工亿元以上工业项目 205 项，当年完成投资 364.5 亿元，项目数比年度计划多 5 项；竣工亿元以上项目 200 项，累计完成投资 357.2 亿元。

二是创新转型不断推进。大中型企业研发机构实现全覆盖，47 家企业列为国家火炬计划重点高新技术企业，384 家企业列为国家高新技术企业，成为国家创新型试点城市。2015 年，获省认定首台（套）重大装备全省第一。全市规模以上工业企业科技活动经费支出占销售收入的比重达到 1.8%，比 2010 年提高 1 倍。新增国家级企业技术中心 4 家、省级企业技术中心 84 家，省级以上企业技术中心累计达 109 家，数量居苏北第一。

三是绿色发展成效显著。"十二五"期间，全市累计淘汰落后水泥产能602万吨、印染产能3 100万米、纺织产能4.8万吨、化纤产能1万吨、铜冶炼产能4万吨、小造纸产能5.3万吨、船舶产能25万载重吨，扎实开展化工企业专项整治，累计关停并转化工企业105家。累计实施节能改造、循环经济项目300多项，工业固体废弃物处置利用率每年都在99%以上。空气质量全省最优，2015年PM2.5均值保持在50以下，2016年1—10月空气质量继续保持全省领先、全国前列优势。

2. 市域环境劣势

（1）智力资源成为制约瓶颈。工业提质增效、高端转型急需的关键人才和科教机构等智力资源，是发展工业强市的重要支撑，但盐城市当前的智力资源不足以成为支撑工业强市发展的有利保障。

一是创新型高端科技人才匮乏。博士硕士人才大多集中在几所驻盐高校，省双创团队、双创人才和企业博士硕士人才集聚项目载体少，广受关注的基础教育、医疗、保健和休闲生活环境缺乏吸引力，吸引和蓄留区域人才的能力较弱，直接导致知识结构新、创新后劲足的科技人才和创业激情高、创新活力强的创新型企业家人才数量不足，创新型人才在区域创新体系中的关键作用没有充分体现。创业的大多是短、平、快，小、粗、弱的项目。全市新兴产业特别是智能制造、大数据、云计算、金融高端人才需求旺盛，但供给却严重不足。以全市工业企业博士层次人才供需为例，全市各级各类企业通过市人才招录部门对外发布的新增博士层次人才需求数每年均在250人以上，而每年引进的全日制毕业博士生数量较少，供求差距巨大。

二是全市科教创新机构聚集水平不高。高等院校、科研院所等科教研发机构数量明显不足。引进各级各类创新机构资源的力度不够，与省内外著名大学和科研院所的战略合作范围有待加大，深度还有待深化，落地盐城的科研机构还没有形成具有互补性、系统性的产业集群，科研成果在当地的转化率不高。

（2）金融支持力度亟待提高。金融资本和工业实体经济的合作机制还不够健全，尚未形成多元化、多层次、多渠道的投融资体系。产业资本脱实向虚，金融生态有待改善。当前，资金仍主要流向各类融资平台、房地产市场。截至2018年8月末，全市贷款余额3 839亿元，较年初新增461.55亿元，增量仅占全部贷款增量的5.8%，其中制造业贷款较年初仍呈现减少态势。创业投资公共基金的扶持和引导有待进一步提高，企业自主创新风险补偿机制有待继续完善。商业银行和各类金融机构支持产业发展的积极性不高，股权质押贷款、担保融资、信用贷款等融资途径还不够通畅。

（3）物流发展水平总体较低。全市工业企业物流成本高，物流周转效率低下。2015年地区物流总费用与区域生产总值的比率高达18%，显著高于苏南地区。主要有以下几方面的原因：

一是区域大型物流基础设施相对滞后，不能满足现代物流发展的要求。现代化仓储、多式联运转运等设施仍显不足，布局合理、功能完善的物流园区体系尚未建立，高效、顺畅、便捷的综合交通运输网络尚不健全，物流基础设施之间不衔接、不配套问题比较突出。企业自营物流比重高，物流企业规模小，先进技术难以推广，迂回运输、资源浪费的问题突出。

二是本地物流企业的技术水平落后。这既体现在硬技术方面的建设应用不足，更突出表现为软技术方面的严重滞后。许多物流企业资金短缺，在物流设施上投资不够，尤其是一些传统的储运企业面临严重的设施老化、物流作业手段落后问题，致使物流作业效率低下，费时费力，企业经营成本居高不下。许多物流企业信息化建设严重滞后，信息加工和处理手段十分落后，不能满足商家追求快速反应和为顾客提供最大化的增值服务的要求。随着社会物流规模的快速扩大，传统的物流运作模式已难以为继，必须尽快弥补物流业发育不足的短板。

三是物流产业集聚效应不明显，同质化现象严重。重复建设物流园区现象比较突出，盐城市区建设多个建材、纺织、医药、农产品市场，许多是规模小、层次低的"菜市场"，又分属于不同的行政机构，相互独立，并且仅仅是物理的集聚，系统集成性差，集聚效应难以显现。

（4）生产性服务业供给严重不足。生产性服务业是与制造业直接相关的配套服务业，贯穿于企业生产的上游、中游和下游诸环节中，以人力资本和知识资本作为主要投入品，把日益专业化的人力资本和知识资本引进制造业，是二、三产业加速融合的关键环节，是促进产业升级换代、工业强市的重要推动力。盐城生产性服务业整体发展水平不高，主要表现为以下两个方面：

一是服务知识含量低，仅仅能满足于简单的品牌推广、办事服务、小型金融和租赁。科研和技术服务、工业设计、检验检测、管理咨询、远程技术服务、高端策划等高端生产性服务领域发展严重不足。

二是企业规模普遍较小。多数企业人员少，高端人才更少，进行的是作坊式生产，缺少具有带动和示范效应的龙头企业，难以满足当前制造业升级和产业链纵深延伸对配套服务业的需求。生产性服务业处于"小马拉大车"的境地。

专栏 15：生产性服务业

第一，什么是生产性服务业？生产性服务业是指为保持工业生产过程的连续性、促进工业技术进步、产业升级和提高生产效率提供保障服务的服务行业，是与制造业直接相关的配套服务业，是从制造业内部生产服务部门独立出来的新兴产业。它依附于制造业存在，贯穿企业生产的上、中、下游的各个环节中。

第二，生产性服务业特点。除了有服务业的一般特点外，其显著特征为：一是中间投入性；二是人力和知识的高资本密集性；三是技术和产品创新性；四是产业关联性。

第三，生产性服务业的发展。从世界范围看，服务化是不少跨国制造业企业的共同选择。广为人知的 IBM、通用电气、耐克等跨国企业集团，原来的主营业务均集中在制造领域，如今都已实现了向生产性服务业的转型。通用电气非常典型，过去传统制造占85%，服务占12%。目前通用电气的

"技术+管理+服务"所创造的产值占公司总产值已经达70%。此转变源于韦尔奇实施的资本服务新战略，为通用电气成长提供了新动力。其资本服务公司经营范围很广，从信用卡服务、计算机程序设计到卫星发射样样俱全。作为通用电气的子公司，资本服务公司带来了大批有价值的客户，为通用电气旗下其他子公司的客户提供大量贷款，为其与客户签订大宗合同铺平道路。如1993年，洲际航空公司濒临破产，资本服务公司为其提供贷款，使洲际航空公司重返蓝天。随之便是雪花般的订单飞向通用电气的子公司飞机引擎公司——洲际航空公司，购买通用电气的飞机引擎。

《国务院关于加快发展生产性服务业促进产业结构调整升级的指导意见》（国发〔2014〕26号）指出：我国生产性服务业重点发展研发设计、第三方物流、融资租赁、信息技术服务、节能环保服务、检验检测认证、电子商务、商务咨询、服务外包、售后服务、人力资源服务和品牌建设。

目前发达国家的产业结构普遍存在"两个70%"现象，即服务业占GDP的70%、生产性服务业占服务业的70%。而我国服务业占国内生产总值比重不足50%，差距明显。

（三）县域环境

1. 县域环境优势

（1）县域工业成为全市重要支柱。全市县域经济发展态势总体良好，为盐城经济持续快速健康发展做出了重要贡献。全市县域工业经济由东台、建湖、阜宁、滨海、响水和射阳六县市的县城和村镇构成，当前其总量规模不断扩大，综合实力不断提高。2018年，县域规模以上工业企业实现的增加值占全市比例达到51%，实现的地区生产总值达到1 178.31亿元，占全市比例达到56.44%。

（2）县域工业产业特色不断显现。以县域经济为基础的集群经济不断发展壮大，产业集聚发展优势开始显现。主要表现为以下几个方面：

第一，东台市机械装备制造拥有较为深厚的基础，近年来主攻新能源产业，风光电装机容量在沿海地区名列前茅。目前，全市新特产业正向着"高、轻、新、绿"高端提升，从最初的新材料、新能源、绿色食品，到如今的新材料、装备制造、电子信息+新能源及装备、绿色食品+智慧产业。

第二，建湖县成为苏北唯一拥有中国石油装备制造业基地、中国节能电光源制造基地两个国家级产业基地的县。全县有 200 多家石油机械制造企业，节能电光源一直被作为主导产业来培植，现已形成了从石英砂到整灯的完整产业链条。目前全县正倾力打造航空产业，力争通过 3 年多时间的努力，引进实施航空产业项目 40 个以上，计划投入 50 亿元，力争实现工业总产值 100 亿元以上。

第三，滨海县的化工、纺织、机械和食品加工四大产业集中度明显提高，占滨海县规模工业比重达 90% 以上，其中化工产业呈现加速集聚的发展势头，泵阀产业荣获"江苏省中小企业产业集聚示范区""江苏省流体装备特色产业园""中国最佳泵阀产业特色园区"称号。

第四，2015 年 1—8 月，响水县工业完成全口径开票 290 亿元，同比增长 53.2%，其中，规模以上企业完成开票 258 亿元，同比增长 53.63%。全县金属新材料、能源、再生资源、新型建材、大型石化五大临港产业持续集聚发展。

第五，阜宁县提出重点发展 3 大战略性新兴产业和 2 大传统产业。其中战略性新兴产业包括新能源产业、节能环保产业、新材料产业，传统产业包括机械产业和轻工产业。新能源产业形成综合性风电装备企业集群，光电光伏产业已形成硅原料生产→多晶硅制造→硅片切割→电池制造→组件封装→光伏电站的完整的光伏产业链条。环保滤料产业已成为全国四大环保滤料基地之一，有各类环保滤料生产企业150多家。机械产业开票销售超百万元企业283家，阀门制造形成中小企业群生型产业集群。轻工产业开票销售超百万元企业326家。

第六，射阳县加快建设健康食品、新型建材、新能源及其装备、临港物流等特色园区，盐城纺织染整服装工业区获批为全省唯一的国家级绿色染整研发生产基地，全县正积极构建韩资"一城两园"、台资"一区两园"框架。

2. 县域环境劣势

（1）经济结构调整任务艰巨。总体上看，全市县域工业经济产业层次和技术含量低，产业集群主要有空压机、抛丸机、鞋机、纺织、造纸、化工等这些小机械、小纺织、小化工，项目短、平、快，技术层次低、粗、简。能耗高，污染大，效率低，经济结构调整转型任务十分艰巨。企业主要集中在低附加值、低科技含量的传统工业领域，新兴高端产业企业数量相对偏少，企业技术创新投入不足、技术创新管理薄弱，具有先进水平的科技产品不能自主研发，一些科技含量较高的产品生产、关键技术和装备主要来源于县域之外，高技术产业增加值占地区生产总值的比重低，科技进步在经济增长中贡献的份额小。龙头企业带动作用不够，盐城的百强企业分布，县级以下占53%，百亿元以上仅1家，20亿元以上仅5家，10亿元以上仅18家。县域企业中具有行业龙头性质的大企业、大集团相对较少，由于资金、人力、环境等因素的制约，盐城市难以培育核心竞争力。总体上，盐城市县域企业与苏南县市企业相比差距较大，市场竞争力明显不足。县域工业产业品牌较少，大部分企业经营短期行为现象严重，小富即安意识严重，真正把企业经营当事业来做的是极少数，多数工业产品性能雷同，缺乏差异性，没有形成独特的优势，产品的附加值低，不注重自身产品品牌和信誉塑造，在短时期内难以形成广泛持续的区域产业品牌效应。

（2）金融支持力度明显不够。县域经济的发展离不开金融的支持，但县域金融信贷发展普遍收紧，中小企业融资艰难。在间接融资领域，国有商业银行采取"抓大放小"的经营战略，对县域经济的信贷总量大幅减少，占县域经济主体地位的中小企业普遍存在贷款难、担保难、融资难现象，企业发展受到制约。2015年年末，县域金融机构贷款余额近1 200亿元，占全市比例为44%，但贡献的工业总产值却达到全市的56%。由于缺乏资金，一些县（市）的重点企业该扩大生产的扩大不了，该上的新项目上不了，该搞的技术改革搞不成，丧失了发展的机遇。在直接融资领域，现在虽然中小企业板块已在深圳证券交易所上市，但其上市对象仍限于"主板市场拟上市公司中具有较好成长性和较高科技含量的中小企业"，并且这一中小企业板块将在"主板市场法律法规和发行上市标准的框架内"实行独立运作，绝大多数中小县域企业难以挤进这一市场。

（3）县域人才资源极度稀缺。由于苏北县域交通基础设施相对薄弱，教育和医疗条件落后，科技基础差，不能为科技人员提供优越的生存和发展条件，难以吸引人才。一缺高级管理人才。县域经济市场竞争力相对较弱，企业产品附加值小，盈利空间不大，在待遇和事业留人方面，县域企业对高级管理人才缺乏足够的吸引力。二缺技术人才。县域企业技术层次相对较低，对技术人才的承载能力不够，导致企业技术人才缺乏。大学毕业生回县城工作的不多，愿去镇村企业工作的更少，使得后备技术人才储备数量减少。三缺蓝领人才等技能型人才。技能型人才就业机会少，受雇工资普遍较低，导致了技术工人流失现象严重。人才缺乏导致了科技力量薄弱，科技创新难，影响了县域经济的发展后劲和竞争力。

（四）机遇挑战

1. 区域面临多重战略机遇

目前盐城工业强市发展适逢三重机遇。

一是我国实施的创新发展、"一带一路"建设、供给侧改革、绿色发展等国家重大机遇期。

二是沿海开发、长三角区域发展一体化、中韩盐城产业园、长江经济带、苏北振兴等促进区域经济协调发展的省市重大战略机遇期。《长江三角洲地区区域规划》和《江苏沿海地区发展规划》将盐城定位于先进制造业基地、能源基地，要求注重发展高新技术产业，赋予盐城先行先试权，在新兴产业培育、产业转移、基础设施建设等方面给予了政策优惠条件，将极大促进盐城快速发展。

三是新一轮发展红利释放机遇期。《中国制造2025》《中国制造2025重点领域技术路线图》《中国制造2025江苏行动纲要》《中国制造2025盐城行动计划》等政策规划相继颁布，以信息技术、生命科技为代表的产业技术不断涌现，技术扩散速度加快，技术人才流动加大，盐城工业强市发展面临多重红利释放机遇。

2. 新兴产业适逢发展契机

全球的科技和产业变化孕育新突破。随着新技术发展和产业化进程加快，移动互联网、可再生能源、物联网、3D 打印、智能制造等新兴产业将逐渐成为全球主导产业，为未来全球经济增长注入新的动力。移动互联网、云计算、大数据等信息技术在金融、商贸、制造、教育、医疗等更多领域的普及应用和融合发展不断催生出新的业态、新的模式和新的产业，传统产业也面临着全面的转型升级。发达国家纷纷实施再工业化战略，积极吸引中高端的制造业回流，在更高的水平上重振制造业。各国以绿色、低碳、智能为特征的新技术和新兴产业快速发展，抢占产业发展制高点的竞争日趋激烈。我国实施战略性新兴产业发展战略，在新能源、节能环保和新能源汽车等新兴产业领域，出台大量支持自主创新和产业发展的政策，为盐城市新兴产业的发展提供了历史性机遇。盐城市应强化科技进步和创新的支撑引领作用，走出有特色的创新驱动新路径。

3. 高端转型亟须加速推进

工业产业层次依然偏低，高新技术产业和战略性新兴产业在区域经济中的规模占比不足三成，传统产业占比七成以上，3 060户规模以上工业企业中，仅9%的企业（270户左右）属于新兴产业，与拉动增长的新产业、新动能主流不匹配。全市工业产业主体依然处于国内外产业链分工的低附加值环节，工业增加值较低。对工业经济具有决定性作用、突破性影响的重大项目不足，工业项目仍然存在靠数量支撑的问题，区域经济引领和辐射力度仍有待提升。工业经济创新驱动力不强，由于高端人才匮乏，高等院校、科研院所和创新平台数量较少，区域内尚未形成优势突出、特色鲜明的创新体系；创新能力强的大企业数量较少，产业门类不够齐全，尚未形成有规模和影响力创新集群；研究开发投入强度不够，全市R&D投入占地区生产总值比重仅1.82%，列全省第十，科技进步对经济增长的贡献不足。创新体系整体效能不高，适应创新驱动的体制机制亟待建立健全，激励创新的市场环境和社会氛围仍需进一步培育和优化，经济发展尚未真正转到依靠创新的轨道上来。企业自主创新意识和能力不足，企业存在低端化、同质化的问题。多数企业缺乏核心技术，具有强大研发能力的优势骨干企业尚待加快培育。大量中小企业技术以仿制为主，大项目、大企业的专业配套能力不强，在一定程度上制约了高端项目和大项目的引进。在当前去产能的大形势下，企业需要主动加强产品研发创新、提高产品附加值、强化管理提升效益、走差异化的发展路子来有效应对市场变化。但全市大量企业自身新技术应用不多，新产品开发不足，大多选择收缩规模，保持观望，期待经济形势好转。

4. 工业文化环境有待改善

区域工业创新创业、勇担风险、宽容失败的社会文化氛围不够浓厚。面对当前宏观形势严峻、要素制约加大、经营成本上升、市场需求疲软等不利因素，动摇和畏难情绪抬头，企业对发展工业经济信心不足。同时，国内房地产和股票投资逐利风潮盛行，人民币加入 SDR 和 M2 持续增长，人民币币值波动幅度有扩大趋势，一定程度上导致经济脱实向虚，实体经济受到削弱，部分企业家迷茫观望、不敢投入、不愿投入，没有形成齐心协力推进工业强市建设的浓厚氛围。

五、拓展新空间，构建全方位发展格局

盐城工业经济发展尚处于工业化中期发展阶段，未来的增长空间潜力巨大，要加快推进工业强市进一步健康、快速发展，亟须优化发展思路，挖掘潜在优势，多方入手，积极拓展发展新空间，构建全方位发展格局。为此，盐城市要不断优化产业空间布局和发展策略，推进产业集聚和集约，腾挪发展空间；要持续实施创新驱动，不断提高工业强市的素质，通过深化发展内涵，拓展区域工业发展空间；要加快推进互联网技术和制造业的全面深度融合，开拓虚拟经济空间；要发挥区位优势，推进沿海开发，打造蓝色经济空间；要推进产业创新，培育临空经济，开拓产业发展全新空间；要加快开发盐田，积极挖掘资源优势，扩大工业增长空间。

（一）优化产业布局，集约城市发展空间

要贯彻落实创新、协调、绿色、开放、共享的发展理念，盐城须根据空间区位特点和区域经济发展态势，进一步完善规划，促进产城融合，优化产业和空间布局；做强做大重点板块，统筹区域协调发展、错位发展、特色发展，形成分工合理、优势互补、各具特色的区域经济发展格局。

1. 全力打造市区产业高地

当前要着重集中优势资源，以发展战略性新兴产业为重点，发挥大市区资源集聚、配套支撑、窗口开放功能，打造中韩盐城产业园核心区（市开发区）、盐城环保科技城和盐城大数据产业园等发展高地，在构建现代产业体系上充分发挥示范带动作用，创建盐城产业名片，增强区域产业招商能力。

2. 实施重点产业聚焦战略

相对于国内外发达地区，盐城市产业发展资源相对匮乏，必须有所为有所不为，集中有限人财物资源，明确产业发展重点领域，实施重点突破，发挥后发优势。着重选择三个领

域作为重点方向。一是信息技术产业领域，包括新一代通信设备技术、大数据技术、物联网技术、云计算技术、智能化制造技术等产业领域。二是新能源产业，包括新能源汽车和光伏产业。三是环保、节能和资源综合利用产业，即大力发展高效节能、先进环保和循环应用等关键技术，为装备及系统的问题提供解决方案。

3. 打造生产性服务业集聚高地

生产性服务业是盐城经济发展中的短板，盐城市区要充分利用上海、深圳、苏州等发达地区的产业梯度转移这一契机，通过大力引进生产性服务业的产业链，带动盐城生产性服务业的发展。优先发展与盐城支柱产业相关的节能环保服务，汽车、农机的关键零部件研发与设计，汽车融资租赁保险，智能终端信息技术服务，农产品生产加工信息系统，特色产业第三方物流，以及电子商务、商务咨询、人力资源服务、品牌运作等，促进大数据与当地产业融合，克服生产性服务业小、散、弱的局面，强化系统集成，实现二、三产业融合发展，着力打造盐城生产性服务集聚区、示范区，为盐城制造业迈向高端，实现工业强市，提供有力支撑。

专栏16：发达国家生产性服务业发展阶段及促进发展的经验

一、发展阶段

从发达国家实践来看，生产性服务业与制造业融合发展是推动产业结构升级的主要因素，生产性服务业是现代经济中最具核心竞争力、产业控制力、创新活力的产业，起着"黏合剂"的作用，扮演着新驱动者的角色。

制造业与服务业的融合首先经历了萌芽阶段。20世纪70年代以来，发达国家工业结构进入调整阶段，企业活动集中于生产经营，服务活动逐渐社会化、专业化、外包化，由此形成了各类生产性服务业。其次是互动阶段。生产性服务业稳定发展，出现大型综合生产性服务企业，产业组织形态出现集群化特征。生产性服务业大大提高了制造业的效率，逐步成为制造业的核心竞争力来源。生产性服务业与制造业的互动发展，出现了群对单、群对群的互动模式，各自产业集群彼此促进，双向互动啮合。最后是高度融合阶段。大量生产性服务业集群出现，内部形成良性的资源共享机制，并形成制造业链上的生产性服务功能群，为制造业提供一体化服务。产业集群不断升级发展，结构不断优化，出现政府引导、学研支撑、核心产业主导、基础设施配置完善的"官产学研一体化"模式，以及"横向群集、纵向链集"的制造业集群、生产性服务业集群并行的产业簇群。制造业与服务业相互交融，共同推动经济结构转型升级，在国民经济中具有支配、主导地位。

二、促进发展的经验

（一）美国的经验

1. 放松管制和消除垄断

20 世纪 70 年代以来，美国政府对服务业主要是通过放松管制和对外开放来促进竞争、激发活力的。为促进研发服务发展，美国出台了专利权保护政策，扩大专利权范围，提高侵权赔偿费用，在知识产权制度上为其保驾护航。

2. 财政支持政策

美国通过政府投资和财政补贴重点支持流通服务、科技服务及信息服务业。

3. 税收激励政策

对信息技术产业采取加速折旧、投资抵免、费用扣除、亏损结转、提取科研准备金等间接方式。科研机构作为非营利机构可免征各项税收，电子商务享受免税待遇，研发投入享受费用扣除和减免所得税双重优惠。

4. 人才激励政策

美国为了吸引全球最优秀的青年，把 1/3 科学与工程的博士学位给了外国留学生，并提供丰厚的奖学金，最终择其优使其成为"新美国人"。

（二）日本的经验

1. 财政支持政策

日本制定了《新技术企业化用机械设备特别折旧制度》和《扣除试验研究费的税额制度》等一系列对实验设备改造的补贴政策。通产省通过了《80 年代通商产业政策构想》，为工业研发和技术推广及新型发电技术开发制订了补贴计划。1968 年日本政府投入 660 亿日元作为基金推动工业设计，每年政府做出专门预算用于设计发展。目前日本投入工业设计开发资金占 GDP 的 2.8%，居世界首位。

2. 税收优惠政策

所得税法规定，中小企业的科技投入按当年支出总额的 6% 抵扣应纳税额，当培训费、取得资格费用的支出合计额大于工薪所得扣除额时，可按该合计额进行扣除。

在支持中介服务发展方面，日本"关于技术性对外交易所得利润的特殊税制"税制规定，在指定时间内进行技术对外交易时，收入的部分金额可按照亏损计算，咨询企业可以保留一大笔资金，并利用这笔资金用于加强研发基础设施。

3. 人才培养激励措施

在扶持工业设计发展上，日本建立人才激励与培养机制，建立了设计师国际交流机制，使日本照相机、家电、汽车等产品设计创新能力大增。为了鼓励原创性设计，1957年日本政府设立了"G-Mark"大奖，旨在推动日本企业的自主创新设计，鼓励设计人才。该奖已经成为具有世界影响力的工业设计重大奖项。

4. 持续优化县域产业布局

坚持县域工业统筹协调发展，形成分工合理、优势互补、各具特色的经济发展格局，不断提高县域经济比重，提高县域经济贡献份额。要坚持产业集聚、土地集约、特色鲜明的基本原则，充分发挥沿海、临港、临河和毗邻陆上交通干线的优势，注重与城镇总体规划、土地利用规划、环境保护规划及产业发展规划相衔接，推进多规合一，提高物流仓储和基础设施的利用效率。持续优化县、镇、村三级工业布局，培育发展具有发展潜力的镇村工业与企业，打造工业经济新增长点，淘汰资源消耗高、效率低下落后企业，"十三五"期间原则上不再新增镇村工业园。对传统优势产业要优化产业集群，发挥协同效应，向精、深、特、专、品牌化方向发展，迈向"微笑曲线"的高端。对新兴产业推动其向高端、精干方向发展。

5. 推进产城有机融合

坚持以产促城，以城兴产，产城融合。产城有机融合有利于实现城市土地集约化，扩大产业空间，加速产业聚集；有利于增加就业机会，规避空城现象、睡城现象，降低日常通勤成本；有利于构建城市产业生态体系，增强产业自我更新能力。坚持以城市为基础，承载产业空间和发展产业经济，以产业为保障，驱动城市更新和完善服务配套，进一步提升土地价值，构建产业、城市、人居之间高度协调的局面。

专栏17：产城融合案例

一、国际范例——美国尔湾市

美国尔湾市坐落于南加州"技术海岸"的中心，被国际公认为是最安全与极具吸引力的第五代城市代表。所谓第五代城市，是指倡导人类生活、经济增长、科技创新与生态环境和谐共赢的城市。

尔湾的成功之处在于完美地实现了产城融合发展，其主要经验是优先营造良好的生态宜居人居环境，进而吸引大量高科技企业和人才，使城市发展和生态环境、居住舒适度等各个方面保持良好的均衡关系。

尔湾位于加利福尼亚州西南部，占地88平方千米，现有人口21万，属于橘郡管辖范围，是美国最大的规划城市社区之一。1971年12月尔湾市正式成立，从建市到2016年虽仅45年，但它已经成为加州重要的经济城市。在过去45年里，尔湾市一直保持着美国最安全、规划完善、适于开展商业活动的最佳社区的口碑。近10年里，美国尔湾市一直在美国最宜居的热门城市排行榜中名列前10，并且多次位列榜首，吸引了大量的居民和高科技机构，成为传统开发区向产城融合城市转变的典型案例。

尔湾发展后来居上，完全靠优美的自然环境、便捷的交通、安全的居住环境、良性竞争的商业机制，不断吸引来自各行各业的"淘金者"。尔湾的规划设计非常先进，逐渐成为加州的高尚住宅区之一。2011年《商业周刊》杂志将其列为美国最佳城市排行榜第5位。另外，尔湾市在2010年的美国FBI年度犯罪率报告中，成为全美10万人以上城市犯罪率最低的城市。尔湾的人口受教育程度都很高，97%的人受过高中教育，超过64%的人受过高等教育。

进入21世纪后，尔湾市不断提升城市的发展竞争力，不断打造安全的生活环境、方便快捷的运输系统、良性竞争的商业氛围和正规完善的教育机构，使人们不约而同地选择了尔湾。经过十几年的发展，尔湾发展成为公众向往的"共同目的地"，被誉为"加州的科技海岸"。

以人为本的城市环境、优异的人力资源，吸引了大量高科技企业落户尔湾，有"第二硅谷"的美名。硅谷不少著名跨国公司看上了这里的自然和商业环境，纷纷将总部迁至尔湾。尔湾的高科技产业涵盖了生物医学、制药、无线通信、电脑、软件等多个领域，形成多个技术产业集群，如医疗设备制造商、生物医疗公司、电脑软件和硬件生产商、汽车设计公司等。尔湾的产业结构十分丰富，既吸引了众多高科技公司的加入，也集聚了大量制造业和第三产业企业，这些产业的发展一样生机勃勃。

二、国内案例——苏州工业园区产城融合的发展历程与路径

（一）苏州工业园区产城融合的发展历程

苏州工业园区的工业用地、居住用地、配套服务用地采用了 1∶1∶1 的配比，是国际规划界认可的合理配比。各个功能版块之间建立了密切联系，从 20 年的发展来看，该园区是非常科学的。邻里中心与便利中心的配套，保证了在园区生活与工作的人享受便捷的服务，使产业发展与居住环境、

生活条件同发展，凝聚了人气。

（1）"以产兴城"阶段（1994—2004年）。这一阶段园区的主题是"以产兴城"，关键词是品质产业基础的建立和区镇分工体系的确立，发展的主基调是"大动迁、大开发、大建设、大招商"，以新型工业化带动农村的城市化。

（2）"产转城升与产城共荣"阶段（2005年至今）。这一阶段园区的主题是"产转城升与产城共荣"，关键词是产业转型升级与区镇一体化发展，发展的主基调是品质提升的城市现代化。此阶段产城融合发展是区镇一体化，产业发展与城市功能气质相匹配。前一个阶段是初级版本，注重工业化进程的启动和城镇化道路的顺利开展；后一个阶段则是升级版，注重塑造提升区域城镇化的品质和气质，以及产城素质的提升，其品牌升级着眼于动态和可持续增长。

（二）苏州工业园区产城融合的变革路径

（1）高品质产业的入驻，带动了园区硬件和城市建设的高起步。20世纪90年代初，园区赶上了跨国企业的产业梯度转移，迎来知名跨国企业的入驻。除了对生产成本的考虑，跨国公司对生产生活环境及硬件条件有更高的要求，使得园区在产城融合的基础硬件建设方面，从一开始就有较高的建设标准和完善的城镇生活要素的考量。

（2）产业链配套式发展，带动乡镇联动式发展。跨国公司在园区扎根后，必须有与其相关的产业链配套。经过有意识的引导，园区为跨国公司配套的许多东亚企业开始在周边乡镇落户，对产城融合产生了积极影响。一是产业层次提高。原有层次相对较低的乡镇企业被层次较高的跨国公司的配套企业取代，产业素质得到提升，促进了园区与周边区镇的协调共进和良性互动发展。二是地区配套服务业和发展功能定位上的提升。区镇联动开发和区域一体化发展，提出了直接与工业化相配套的城镇生活的功能性要素需求。

（3）产业从低端向高端发展，对城市功能品质提升提出了更高需求。进入21世纪以来，生产要素成本提升，倒逼园区企业从低端加工制造向"微笑曲线"的两端迁移，走制造服务化、制造设计的价值提升路线以及园区城市品质经营，为园区新兴服务业、文化创意和创新产业集聚提供了良好契机。此阶段园区实施了制造业升级、服务业倍增、科技创新跨越、生态优化、"金鸡湖双百人才"、金融产业三年翻番、纳米产业双倍增、文化繁荣、幸福社区九大行动计划。

（4）产城共荣对园区的功能分类、发展定位、载体建设、生产要素统筹配置和区域一体化发展提出了更加细致精准的要求。园区需要在分区块功能定位、社会服务一体化、软性发展要素提升及行政管理体系等方面进行配套。2008 年以来，东环路沿线、综合保税区两大门户提升工程东西呼应；环金鸡湖金融商贸区、独墅湖科教创新区、阳澄湖半岛旅游度假区三湖版块南北联动；总部经济、金融商业、旅游度假、物流会展、文化创意各大功能要素百花齐放，在品质文化创意产业和创新智力的汇聚方面都做了积极而有效的探索和实践。智能公交、数字城管、智慧环保等重点信息化项目的实施，对园区城区软性实力的提升，品质、品牌建设和气质塑造发挥了积极的作用。

（二）实施创新驱动，拓展内涵发展空间

1. 强化企业的创新主体地位

推动盐城工业强市走内涵式发展之路，不断提升工业强市素质，首要之举是提升企业创新能力。企业是实施创新战略的关键力量，应大力强化企业创新主体地位。从规模以上工业企业市级研发机构覆盖率来看，企业创新能力整体还处于较低水平。要采取有力措施，推动企业成为创新技术需求的主体、创新研发投入的主体、创新资源聚集的主体、产学

研合作的主体、创新运用的主体。推动各级企业加强技术合作，吸引跨国公司、央企、上市公司、行业龙头企业与盐城市企业交流合作，在重点产业领域共建、联建产业技术研究院、重点实验室、工业数据中心。发挥行业骨干企业的主导作用，联合国内外高等院校、科研院所，分行业加快组建一批产业创新联盟，每年组织实施一批关键技术及部件、重大成套产品协同创新课题。

2. 进一步突出创新重点领域

选择创新领域要采取有所为有所不为策略，结合盐城产业基础和特色，主要围绕智能制造和绿色制造领域开展技术创新。在智能制造领域，要加快智能装备研发应用，大力推进关键设计工具软件、数字化设计与仿真分析软件、行业软件的开发和运用，探索形成智能制造整体解决方案。促进大数据、云计算、物联网和3D打印技术、个性化定制等在制造业全产业链的系统集成，加快自动识别、信息物理融合系统（CPS）、人机智能交互、分布式控制、工业机器人、智能物流管理等先进制造技术的普及，促进先进制造工艺的仿真优化、数字控制、状态信息实时监测和自适应控制。提高企业在工艺流程改造、在线检测、质量性能提升、营销服务等领域的系统化整合能力，实现智能管控和全流程监控，构建智能化、网络化的生产系统。在工控系统、智能感知元器件、工业云平台、操作系统等核心环节取得突破，加强工业大数据的开发与利用，有效支撑制造业智能化转型，构建开放、共享、协作的智能制造产业生态。在绿色制造领域，开展低碳技术应用示范工程和节能减排关键技术攻关，积极推广应用低碳技术和节能减排技术、设备、工艺，推动传统产业从高能耗、高污染向资源节约、环境友好转变。开展绿色车间示范改造，每年全市创建绿色示范工厂30个、绿色企业不少于3家。实施节能环保系统集成服务、工业装备优化提升、绿色制造研发创新、绿色制造技术应用、绿色产业链接发展、绿色制造数字化推进六大重点工程，推动传统行业绿色改造、新兴产业集聚发展，每年实施绿色制造重点工程项目不少于50项。

3. 完善创新治理和激励机制

要构建以企业为主导力量，以市场化运作为基础，以创新收益合理分享、创新风险合理分担为纽带的创新治理机制。积极探索和完善各级创新中心、产业联盟、联合研究院（实验室）等的运作机制，提升各级协同创新中心的创新活力，激发承担重大协同创新任务、紧密围绕产业发展开展核心技术创新的潜力。优化政府科技创新激励和科技投入政策，完善促进创新的规章制度，激发创新主体活力。全面审视和健全区域自主创新政策法规体系，完善和落实促进创新的系列政策，发挥政策引导和鼓励作用，着重围绕汽车、新能源、环保节能、信息技术领域实施创新突破。

（三）推进"互联网+"，开拓虚拟经济空间

1. 建设互联网公共服务平台

大力建设各类互联网服务平台，推动互联网与制造业融合，发展基于互联网的工业经济新模式，拓展虚拟经济空间。推进网络化协同制造，加快行业综合性 B2B 平台建设，促进互联网众筹、O2O 新型商务模式和分享经济等新型虚拟经济的发展。打造一批网络化协同制造平台，加快形成制造业网络化产业生态体系。建立工业大数据开放平台，提供数据挖掘和商业智能等服务，鼓励企业运用大数据开展个性化精准营销。

2. 实施"互联网+"行动计划

推进大中型企业普遍通过互联网开展研发、生产、经营管理等活动，逐步建立面向生产全流程、管理全方位、产品

全生命周期的"互联网+"智能制造模式。鼓励企业发展基于互联网的个性化定制、众包设计、云计算等新型制造模式，推动形成基于消费需求动态感知的研发和制造方式。

3. 加快改造信息基础设施

提升城域网出口带宽、固定宽带端口平均速率、"两化"融合专项引导力度、重点行业典型企业 ERP 普及率、关键环节互联网应用覆盖率和重点管控系统集成覆盖率，大力完善工业宽带、工业云、工业智能终端等信息基础设施，建设低时延、高可靠、广覆盖的工业互联网。2016 年，盐城市实现出口总带宽达 2.5T，实现城乡 1 000M、100M 能力。盐城依托大数据产业园，实施大数据战略，推进区域数据资源开放共享。

专栏 18：杭州打造"互联网+"创新创业中心

杭州市委十一届十一次全会明确，杭州将着力打造具有全球影响力的"互联网+"创新创业中心。

一、辛亏阿里巴巴选择了杭州

1999 年，四处求职、创业频遭碰壁的马云回到出生地杭州，在自己的公寓内创办了互联网企业阿里巴巴。谁也没有想到，2016 年，阿里巴巴旗下已经同时拥有全球最大的 C2C

电子商务服务平台——淘宝、全国最大的 B2C 网站——天猫和全国最大的民营网络支付平台——支付宝。马云坦言，在阿里巴巴取得巨大成功之后，曾先后有包括上海、广东在内的多地主要领导邀请他将总部搬迁过去，并许以一系列的优惠和扶持政策，可他却不为所动。"我告诉他们，幸亏当年阿里巴巴选择了杭州。"

当地政府极具前瞻性的眼光和对新生事物的包容及扶持，才是"互联网+"产业在这块土地上能够快速成长壮大的最核心竞争力。早在 2008 年，杭州就启动了"瞪羚"计划，拿出 5.6 亿元财政资金，承诺未来三年每年扶持至少 50 家大企业建立电子商务平台，同时以财政补助的方式，扶持 10 000 家中小企业开展电子商务应用。

二、实现弯道超车的绝好机会

近年来，以工业为代表的传统经济正在进入平台期，尤其是东部沿海地区，增速持续低迷，而以电子商务为代表的信息服务业却异军突起，年均增长率超过 50%，以电子商务为代表的信息产业在杭州呈现爆炸式增长，其增长速度和产业规模均走在世界前列。杭州打造都市互联网产业群的探索，或为中国缩短与发达国家的距离提供"弯道超车"的机会。

毫无疑问，打造具有全球影响力的"互联网+"创新创业中心，杭州是有优势的。杭州有国家自主创新示范区和跨境电商综合试验区，这两大战略平台建设对杭州而言是极佳机遇。从阿里巴巴"一家独大"到网易、海康威视、大华股份等龙头企业的不断涌现；此外大批"中"字头的企业，如中国移动和中国电信不约而同选择杭州作为其全国手机阅读基地，中国工商银行也将其网络融资业务中心选址在杭州。

三、打造天堂硅谷未来不是梦

杭州已经明确，要从顶层设计上明确目标，规划框架，设置步骤，积极拓展国际创新创业载体，全力打造一个具有全球影响力的"互联网+"创新创业中心。

在文三路颐高创业大厦4楼，创业咖啡"楼友会"在创投圈里已小有名气，它看似一家咖啡店，其实还是一个为创业者提供办公、交流、资本对接和商务洽谈的平台，同时提供注册公司、融资对接、后台支持等服务。全市纳入统计的就有81家众创空间，其中纳入国家孵化器管理体系的有14家，国家级孵化器数量居省会城市第1位。贝壳社、米趣科技等创业之星正是从这里走了出来。

接下来，杭州将全力打造国际化创业生态系统，顺应互联网发展的新趋势，以跨界融合的应用模式创新为引领，以促进传统产业和互联网融合创新为突破口，积极培育创新发展的载体。

杭州市提出，从城市发展来看，产业发展是城市发展的根本。杭州的特色是"互联网+"创新创业中心，围绕互联网来布局产业，既有新的互联网产业，也有传统产业的互联网改造，应当通过互联网的融入来带动传统产业的发展。国际化就是要提高现有产业的层次，不能再搞传统的低效产业、耗能产业、污染性产业，而要搞高端产业。

（四）推进沿海开发，打造蓝色经济空间

1. 盐城蓝色经济潜力巨大

盐城东临海洋，拥有广袤的沿海滩涂和海洋资源，蓝色经济潜力巨大，工业强市应该能够促进沿海资源禀赋变成现实发展优势。我国海洋经济产值占国内生产总值的10%左右，占沿海各市的比重则更大，而盐城海洋经济尚未得到开发。因此，盐城应加快拓展，尽快打造在海洋生物、海洋工程装备制造、海洋资源开发利用领域的发展特色和技术优势，吸引海洋高技术企业来盐城谋求发展，向海洋获取更多资源和效益。

2. 大力推进沿海经济区建设

"十三五"时期要大力推进沿海六大经济区建设，到2020年，沿海开发 6 大经济区工业开票销售达到 3 000 亿元，对全市工业经济增长贡献率超过 50%。大丰港城经济区重点发展大丰港经济开发区、沪苏（大丰）产业联动集聚区、苏盐沿海合作开发园区、国家级盐城经济技术开发区大丰港产业园，加快培育新材料、高端装备制造、海洋生物等千亿级产业集群。滨海港城经济区要加快滨海港经济区、沿海工业园、新滩园区发展，大力发展能源、新医药、新材料、海工装备等特色产业，构建新能源及其装备制造全产业链。东台滩涂经济区重点发展高端产业集聚区，培育新能源装备、食品加工、海工装备、海洋生物等特色产业，建成融风电、光电、生物质发电于一体的国家级新能源综合示范区。响水工业经济区重点推进沿海经济区、生态化工园区、灌东园区发展和陈家港港城建设，大力发展新材料、新能源、新医药、新型建材、海工装备等临港产业。射阳临港经济区重点推进临港新城、商港区、渔港区和旅游区联动发展，大力培育新能源及其装备、健康食品、航空装备、新型建材、电子信息等临港特色产业。亭湖湿地经济区依托国家级珍禽自然保护区，注重生态保护与工业开发平衡，培育壮大节能光电，争创国家级生态园区。

3. 统筹协调港口建设

按照"一带两核四区多节点"总体布局，服务沿海六大经济区，推进港口、港产、港城"三港联动"，打造黄金海岸经济带。推进大丰港区 10 万~15 万吨级深水航道、邮轮码头、四期通用码头、集装箱码头和 LNG 接收站及物流中心等项目建设。滨海港开工建设 15 万吨级通用码头、液体散货码头、矿石码头、LNG 码头，射阳港规划建设 10 万吨深水港、疏港航道和临港物流园。

专栏19：韩国仁川蓝色经济开发实践

韩国人口众多，国土狭小。近 50 年来，韩国积极发展沿海经济，促进了韩国经济快速发展。

一、韩国仁川蓝色经济开发战略

从 1962 年起，韩国政府利用仁川港的港口优势，在周边沿海地区重点发展重化工等十大工业行业。

1986 年，韩国国土开发研究院和内阁建设部提出要把 20 世纪 90 年代的经济建设重点转移到与中国隔海相望的仁川等沿海地区，集中人力、财力、物力，在仁川等地建立大规模工业区，形成一个有广阔前景的黄海经济圈。

1993 年中韩建交后，随着同中国贸易的持续增长，韩国为促进同中国的贸易和合作，在仁川等地集中投资，建设国际水准的商业基地、物流基地，以作为对华贸易的前沿阵地。到 20 世纪末，该区域人均地区生产总值已超过 1 万美元。

2004 年年初，韩国政府公布"新国家开发构想"计划，打算用 20 年左右的时间建成东、西、南三面海岸区域的沿海经济发展"U 型链"，人均年收入实现 2 万美元，达到发达国家水平。仁川港自由经济区于 2004 年年底率先开发，规划开发面积 200 平方千米，总投资 125 亿美元，以建成国际商务中心、高新技术产业中心、国际航空和物流中心、国际金融和旅游中心，建成资金和技术密集、物流交通畅达、教育文化发达的经济特区。

二、仁川市蓝色经济开发策略

（1）实行低廉的地价。对入驻的高科技企业实行零地价，赋予 50 年免费使用土地权限；对入驻的知名教育机构，不仅无偿使用土地，免费提供建筑设施，还补助初期的运营费用；对百货、宾馆、住宅等商业设施的用地，实行转让和拍卖，但地价远远低于仁川老城区的地价。

（2）出台税收优惠政策。外商投资企业的关税三年内免征；营业税和企业所得税 3 年内免征，之后 2 年内减征 50%；

综合房地产税 10 年内免征，之后 3 年内减征 50%；个人所得税和车辆购置税 15 年内免征。

（3）放松金融、用工等管制。允许主要外国货币在自由经济区内自由使用。在区域内实行不同于韩国的劳工制度，适用"无劳动、无工资"原则，不实行"带资休假制"。

（4）积极开展国际营销，扩大国际影响力。仁川通过举办多种形式的国际性活动，包括举办亚运会，让世界各国认识、了解自由经济区，展现自由经济区的无限发展潜力。积极运用现代技术展现未来宏伟蓝图，增强投资者的信心。不仅向投资者展示自由经济区的详细发展规划，并运用现代多媒体技术展现未来发展的宏伟蓝图，给投资者以耳目一新的感觉。

（5）推行委托招商、连片开发的招商引资方式。与国内外知名的地产公司合作，由其负责土地开发和招商引资。例如，松岛地区的开发建设，仁川政府先后与美国 Gale 公司、印尼的力宝公司签订数十平方千米的土地供应合同，由其开发和招商。青萝地区由韩国土地公社全面负责土地开发与招商。

（6）对投资者实行高效优质服务。开展一站式服务，投资项目从咨询到启动的全过程由专职项目经理负责，并对企业经营中遇到的困难由专门机构负责解决。

（7）开放教育、医疗等服务行业。允许外国大学在经济特区内设立分校，为韩国培养国际化的人才。允许外国法人在特区内设立外国人专用的医院和药店。最大限度地消除外国投资者的不便，加强自由经济区内的外语服务。

（8）大力开发沿海物流系统。2002 年，分阶段对外贸进出口物流信息网络进行整合，逐步实现统一管理。于 2007 年前形成进出口通关、检疫等有关外贸业务的物流网络系统，一次性地处理进出口业务。政府与企业联合在东北亚、新加坡和欧美等国家和地区，开展以物流产业为中心的国际营销活动，并取得了一定成效，一批日本、新加坡及欧美企业先后进驻自由贸易区。大企业的生产海运已经与远洋运输、国际航空运输实现了对接，物流海运和生产海运日益融洽，定位物流、定点物流、定时物流迅速发展。在现代化的物流产业支撑下，企业缩短了生产流程，降低了生产成本，竞争力进一步增强。

（五）培育临空经济，开拓产业创新空间

1. 培育发展空港经济

盐城南洋机场改扩建后，能够满足 C 类机型和部分 D 类机型全载起降要求，极大地改善了地区投资环境，拓展了资源聚集空间和辐射范围。盐城要加快培育临空经济发展的步伐，尽快形成产业集聚集约，建设临空经济产业集聚区。要积极发展航空物流产业、电子商务和快递产业等现代工业服务业，逐步拉动上下游产业的联动发展，嫁接和培植临空经济；远期要积极申报建设空港保税物流中心，促进以临空科技为主的创新型高科技企业的集聚，打造临空经济区域高地。

专栏20：两则临空经济区案例

一、美国达拉斯沃斯堡临空经济区

达拉斯沃斯堡临空经济区位于美国德克萨斯州北部，位于德克萨斯州最大的都市圈，也是美国第九大都市圈，它是美国最繁荣、经济增长最快的地方之一。这一方面归因于它地理位置上的优势，另一方面归因于达拉斯沃斯堡国际机场

的拉动作用，以及发达的交通运输网络资源。该地区是美国多式联运最发达的地区。达拉斯沃斯堡国际机场建立于1974年1月13日，比较特别的是，这个机场由达拉斯和沃斯堡两个城市共同所有，机场的运营主要由达拉斯沃斯堡国际机场董事会来运作，是美国航空业的总部所在地。

1. 高科技产业

达拉斯沃斯堡国际机场周围的产业主要以信息和通信等高科技产业为主，这一特点是与达拉斯沃斯堡国际机场的重要性紧密联系在一起的。企业享有的各种税收优惠，完善高效的交通运输网络，以及达拉斯沃斯堡国际机场的重要枢纽地位为高科技企业的发展带来了广阔的发展空间。高效的物流业对高质量的数据交换网和其他技术的依赖性越来越强，这种协同优势给企业开创了发挥自身优势的舞台。麦肯研究机构研究认为，达拉斯沃斯堡是美国重要的科技中心。德克萨斯州大约43%的高科技劳动力都集中在该地区，有1 300多个与航空相关的商业企业，比世界其他地区的规模都要大。

2. 物流行业

达拉斯沃斯堡临空区域是美国主要的物流枢纽中心，拥有最低的分销成本。通过建立北美自由贸易区，达拉斯沃斯堡地区与墨西哥和加拿大的贸易额出现了翻倍的增加。

3. 批发零售业

达拉斯沃斯堡建有美国第十大零售业市场。达拉斯市场中心是世界第一大批发货物中心，每年吸引着50个市场的200 000个购买商，每年在批发业上的收益有75亿美元。

二、青岛临空经济区

青岛航空运输的快速发展，极大地带动了青岛临空经济区内经济的快速发展，并在机场周围集聚了大量产业，使机场周边地区形成多功能经济区域。

一是航空产业，主要包括航空物流、航空食品、航空器维修、航油航材、航空培训、酒店餐饮等相关产业。二是生物制药业和新材料工业。三是旅游休闲、会展、金融商业产业。随着经济的快速发展，临空经济区内已初步形成了以机场为中心的机场核心区，并在周边形成多个以临港产业、保税物流为主的产业园区。

《青岛新机场空港及临空经济区发展规划》中将与机场客流、货流密切相关的跑道、航站楼、停机坪、货运站、现代物流、机务维修、空港商务服务设施布置在机场核心区内，将生物制药业、新材料工业、会展、休闲旅游、金融商业、轻型产品制造业等临空经济（产业）布置在机场3~5千米的范围内，其他间接与机场有关的会议、休闲、旅游等设施整体呈圈层式分布。规划提出，未来机场建设需重点加强四个功能区（点）：机场航站楼规划、空港国际商务区、航空物流基地规划、机务维修中心。

2. 提前谋划高铁经济

高铁建设对盐城而言存在双向调节效应，一方面能够推动人员、资本、信息、技术等要素的快速集聚，加强盐城与长三角其他城市的区域分工协作，降低跨区域交易成本，实现要素高效优化组合与配置，对提升城市区位优势、扩大区域开放和协作、带动产业结构优化升级等有促进作用；另一方面以上海为龙头的长三角优势城市对资源的争夺能力更强，虹吸、过道、传导效应加大，生产要素存在流出风险。盐城应积极开展高铁经济调查研究，调研各区域资源分布与存量，厘清各区域优势劣势，按照互利互惠、协调发展的原则，科学制定经济带发展规划。坚持错位发展，扬长避短，以优势产业为依托，主动承接以上海为龙头的长三角重要城市的产业梯度转移和要素资源辐射，享受高铁红利，放大同城化和一体化效应，打造高铁经济带。

（六）加快开发盐田，扩大工业增长空间

1. 盐田是工业重要后备空间

盐城盐田土地广袤，一马平川，临港濒海，区位优势突出，综合开发基础条件良好。要加大其直接参与沿海开发的力度，充分利用江苏沿海、淮河经济带开发的机遇，加快盐田综合开发利用步伐，建设盐城市北部重要的现代化新型临港工业新区、江苏沿海高科技循环经济产业基地和淮河流域对外开放的重要门户，打造沿海新增长极，将土地资源优势、港口物流优势转化为工业强市优势。

2. 大手笔培育大体量产业

盐田储备有近 35 万亩的工业后备土地，具有招引大项目，培育大产业的巨大优势。随着长三角发展规划、沿海开发国家战略、高铁南北贯通、亿吨大港、国际机场、中韩产业园上升到国家级等政策措施的不断推出，盐城区位优势不断彰显，区域声誉不断提高，也为招引大体量产业提供了可能。要积极研究国家发展战略部署，精细规划，准确定位、精准招商，大力招引百亿级大项目，培育千亿级大产业，重

点招引资本、技术密集型且对港口较为依赖的大进大出型临港大项目。一是能源电力产业。以现有能源电力项目为基础，顺应能源电力项目向沿海布局的趋势，加快发展以煤炭、天然气为主，新能源发电为辅的能源电力产业，配套发展新能源淡化海水产业，推动煤电水盐一体化发展。二是新材料产业。面对国内外广阔的市场空间，依托灌东、新滩片区及周边地区油、煤、盐化工和冶金产业基础，紧抓新材料技术革命和进口替代机遇，大力发展高新化工材料、高新金属材料和新型建材产业。三是先进装备制造业。依托基地及周边能源电力、金属冶炼及化工产业基础，重点发展清洁能源装备、新型电力装备、智能制造装备、现代航空装备、海洋工程装备、高铁等装备制造业，建设国际级先进装备制造产业基地。盐城通过产业带动相关零部件产业、生产性服务业和高端生产要素集聚，带动现有传统产业升级换代，新兴产业的融合发展，从而带动整个盐城产业发展，达到实现工业强市的目的。到2020年，新型盐田工业销售收入达到1 500亿元，财税贡献80亿元，到2030年，销售收入达到4 000亿元，财税贡献200亿元，成为盐城工业强市的新引擎。

专栏21：北海市盐田开发纪实

　　北海在历史上就是古代海上丝绸之路重要始发港之一，不仅生态环境良好，而且沿海盐田和滩涂资源丰富独特。北海市海洋经济发展具有良好基础，特别是海洋生物制药、海洋捕捞、海水养殖、水产品加工、海上旅游等产业占了广西的半壁江山。2015年，北海的海洋生产总值400余亿元，占广西海洋生产总值的37.8%，年增长约30%。为了把海洋经济打造为北海市"十三五"时期发展的重要增长点，北海市制定了加快盐田滩涂开发战略。

　　一、北海盐田上崛起海洋科技城

　　北海盐田产业园开发的构想为：中期（2016—2020年）实现海洋科研创新园整体建成，常驻海洋科研人员1 000人以上，入园企业50家以上（其中获认定为国家高新技术企业20家以上），海洋生物制药产业集群形成一定规模，2个以上科研公共服务平台投入使用，每年举办或承办2次以上国际海洋学术会议，初步建成中国南方海洋科技城；远期（2021—2030年）打造成为中国南方海洋科技城和蓝色经济集聚区，有效带动全市乃至北部湾地区传统海洋产业转型升级和新兴海洋产业发展，成为北海建设海洋强市的排头兵。

　　站在昔日的荒滩盐田上，眼前展现的是一幅令人惊叹而震撼的画面：包括孵化综合楼、公共服务楼、创业服务楼在内的若干座工程建筑已拔地而起。人们很难相信，一年多前，这里还是一片盐田和荒滩。高空拍摄的照片中，国家海洋局第三海洋研究所、中国科学院烟台海岸带研究所科研楼仿如两只白色的即将破茧而出的蚕茧，十分醒目。2020年，这里将初步建成一座中国南方海洋科技城。

二、坚持科技引领筑巢引凤

北海市盐田开发坚持从一开始就瞄准海洋科研"国家队"，从上游的科研创新出发，逐步向中游科技成果转化、科技服务拓展，最终实现支撑下游海洋制造业发展壮大、促进本地传统海洋产业转型升级。其目标是把盐田建设成为华南沿海独树一帜的科技创新小高地、先进产业聚集区、生态环保示范园、科普观光目的地，成为北海未来又一张亮丽的新名片。

目前，园区在建和在谈项目已有30多个，涉及众多国内顶级海洋科研机构和龙头企业。

科研机构方面，北海已与国家海洋局第三海洋研究所、中科院烟台海岸带研究所、中国水产科学研究院南海水产研究所、清华大学深圳研究生院等17家科研机构签署项目入园协议或合同；目前正在对接南京大学、浙江大学、哈尔滨工程大学、广西大学、广西师范学院、国家海洋局南海规划与环境研究院、中科院昆明动物研究所、国家海洋环境预报中心。国家海洋局第三海洋研究所北海基地、清华大学海洋技术研究中心北部湾研究所、广西红树林研究中心滨海生态保育与利用创新基地入园项目相继开工建设。

企业方面，北海积极对接了中民投、山东汇洋集团、湖南迪斯生物、百洋集团、正大集团、通威集团、中滔环保集团、南宁信肽生物等企业，近期正积极推进中民远洋北海项目的落地和实施。

3. 积极承接产业转移

积极承接产业转移，是发挥盐田土地资源优势、促进工业强市发展的重要途径。对盐城而言，当前存在三大产业承接机遇：一是上海、苏南、浙北等地区由于土地超强度开发，亟须腾笼换鸟，从而产生了产业梯度转移需求；二是受长江水道保护和生态环保压力产生的江苏沿江地区重化工产业的产业转移需求；三是国内中西部内陆地区矿产资源萎缩，中西部地区的资源加工型和出口导向型企业，在政策引导和市场力量驱使下，相关产业加速向沿海地区转移的需求。盐城盐田具有沿海区位和港口优势，企业运营成本低，应当抢抓国内外产业转移机遇，结合自身产业优势，加强企业和项目甄选，突破传统临港产业发展模式，将盐田积极打造成承接产业转移的知名平台。

六、优化体制机制，释放工业经济活力，提升城市综合竞争力

（一）理顺园区行政管理体制，试行公私合作招商模式

根据盐城城市空间结构和产业布局的现状特点，按照工业进园、企业集中、土地集约、产业集聚、可持续发展的原则，盐城规划并重点建设 19 个开发园区、17 个产业创新园区（区中园）、138 个镇村工业园；培育一批空间布局合理、

功能定位清晰、优势产业集聚、关联企业集中、基础设施完善、资源配置优化、竞争力和可持续发展能力强的先进制造业基地，建成全市工业发展的主导区、创新发展的核心区，加快构建"高端支撑、龙头引领、区域互动、特色发展"的新型制造业格局。

为了增强园区管理效率，盐城应建立高规格协调议事机构，由地方主要领导担任园区议事机构负责人，增强园区领导力量。争取和探索产业园区的省部市共建合作方式，建立和创新区域合作机制，实现各方共赢。赋予园区较高财政自主权，合理界定园区管理权限，创新园区的考核机制。避免园区与当地政府各自为政，努力调动园区积极性。国家级园区应由市级主要领导担任实际行政职务或与园区建立密切联系，以便增强协调能力，省级园区可结合实际实行领导交叉任职，部分园区管理可以试行"一区多园"，部分镇村工业园可以试行将园区所在地划归园区统一管理。在委托管理模式下，要明确界定管理权限，属地政府把规划土地，工商税务、财政、劳动人事项目审批，外事审批等经济管理权限，授权给园区管委会，社会事务可仍由所在地行政区管理。加强园区工作业绩考核，通过考核强化园区的自觉性和积极性，并引导园区从政策优惠型适度向理念型和创意型的现代化的经济园区转变，带动区域经济核心竞争力的提升。

专栏 22：高新区主要管理模式

第一，委托管理模式。高新区管委会是政府派出机构，政府把规划土地、工商税务财政劳动人事项目审批、外事审批等授权给高新区管委会，社会事务仍由所在地行政区管理，高新区与行政区并行发展。其存在授权难以落实和与行政区之间有矛盾冲突的问题。

第二，政区合一模式。采取两块牌子一套人马的管理体制，高新区全权负责区域内的开发建设功能服务和社会事务。方法一是通过高新区与行政区合并，二是通过成立新区实现政企合一。存在的问题：一是行政区或因为其惰性的官僚体制，沉重的社会负担和繁琐的社会事务而拖累高新区的发展，弱化高新区精简统一高效的优势；二是管制型政府的保守低效惰性，中央政府对高新区的创新发展导向，可能会与地方经济发展目标相冲突。

第三，经营性园区模式。以政府组建的集团公司为基础，利用市场化手段整合利用资源，对高新区进行经营管理，由集团公司承担高新区的开发建设，招商引资，经营管理，投融资服务等经济发展功能，比如上海张江、中山高新、苏州工业园等。

第四，协调管理模式。高新区作为建设事务的综合协调部门和政策的制定与推进促进机构，比如中关村、佛山、深圳，高新区管委会主要是统筹规划高新区的发展，制定高新区的发展战略与重点政策，并协调市政府各个部门对高新区给予必要支持，以及在实际中督促落实高新区的各项支持政策。存在的问题：不掌握实际权力，其制定的战略政策与规划的执行力受到各部门制约。

大力推行政府主导，鼓励吸收市场化运作的企业进行开发、运行的园区管理模式。政府是管理者，园区管委会代表政府主要行使规划管理和协调服务等职能，园区开发建设应鼓励以社会化的公司参与或以公私合作（PPP）方式开展合作。应深化现有园区公司市场化机制改革，积极鼓励园区公司与银信等金融机构、企业、投融资公司和社会各方广泛开展合作，支持条件成熟的园区公司发行企业债券和上市，为园区建设和发展提供有效的融资渠道。实行更加灵活的劳动、人事、薪酬制度，灵活地对园区中层（含中层）以下干部职工、管理人员、工勤人员等采取雇佣制、聘用制、岗位制、绩效制、年薪制等多种用工、薪酬制度，以吸引更多的优秀人才加入园区经营管理团队，更好地调动园区干部职工的主动性、积极性、创造性。应积极尝试 PPP 合作招商方式，实现政府主导、企业运作、合作共赢的市场化园区运作方式。

（二）大力支持企业创新，鼓励金融与科技结合

工业创新能力是衡量一个地区科技、经济实力和发展潜力的重要标志。盐城应从工业创新体系建设、创新投入、创新人才、创新产出、创新产业等维度出发，促进工业从要素驱动、投资驱动逐步向创新驱动转变，实现经济发展模式的转型。支持和引导盐城企业瞄准国内外市场和世界科技发展的前沿，加强企业研发投入和管理机制保障，在关键领域重点环节着力突破一批重大共性技术和核心技术。强化信息技术在制造业中的渗透和应用，有力促进高技术产业、新兴产业的发展。围绕关键领域，在新能源、环保等领域打造一批撒手锏产品。培育一批高水平的企业家队伍，探索出一条"创新、转型、升级"的科学发展之路。

政府设立专项资金，协会、企业、院校、科研机构等共同参与，建立汽车、机械、环保等行业公共创新服务平台，为行业内企业提供产品研发、试验基地、仪器设施、行业检

测、成果转化等提供多样化服务。政府为平台整合各类资源，并加大财政支持的力度，保证公共服务平台的低成本运作和低收费水平，为企业自主创新活动提供技术支持和服务保障。

进一步探索促进产学研结合的有效模式和机制，支持企业与盐城工学院、盐城师范学院等院校以技术入股、共同出资等多种形式组建技术开发实体，通过建立大学研究院、联合研发中心等建立长期合作关系。积极尝试产业链上的技术创新合作，鼓励产业链上下游企业进行联合技术研发。联合行业内企业在行业关键领域组建产业联盟，共同开展产业共性关键技术的研发，推动产业核心技术的突破。

专栏23：美国制造业创新体系

美国政府复兴制造业的重点是开发能引发下一波工业革命的先进制造技术，为此构建了以促进创新、培养人才和改善商业环境为支柱的创新体系，它的核心载体是制造业创新研究所。每一个创新研究所都是地方化的创新公共基础设施，聚焦于一个先进技术领域，集全部创新部门于一体，覆盖从先进技术研发到规模化生产的整个创新链。这是突破单个创新或者产学研合作等传统创新体制机制的一个创举。政府在研究所的建立过程中发挥了关键作用。创新研究所对中国落实《中国制造2025》有积极的借鉴意义。

　　积极鼓励金融与科技相结合。设立重要科技成果转化引导基金，吸引优秀创业投资管理团队联合设立创业投资子基金。发展天使投资、创业投资、产业投资，壮大创业投资和政府创业投资引导基金规模，强化对种子期、初创期创业企业的直接融资支持。积极发挥新兴产业创业投资引导基金和中小企业发展基金的作用，带动社会资本支持高新技术产业发展。支持创新创业企业进入资本市场融资，完善企业兼并重组机制，鼓励发展多种形式的并购融资。深化促进科技和金融结合试点，建立从实验研究、试用到生产的全过程、多元化和差异性的科技创新融资模式，鼓励和引导金融机构参与产学研合作创新。选择符合条件的银行业金融机构，为创新创业企业提供股权和债权相结合的融资方式，与创业投资机构合作实现投贷联动，支持科技项目开展众包众筹。推进知识产权证券化试点和股权众筹融资试点，探索和规范发展服务创新的互联网金融。建立知识产权质押融资市场化风险补偿机制，简化知识产权质押融资流程，鼓励有条件的地区建立科技保险奖补机制和再保险制度。

专栏 24：硅谷银行

1. 硅谷银行的运作特点

（1）服务于特定领域。

硅谷银行选择长期支持特定技术领域的科技企业，它集中在硬件与基础设施、软件与互联网、生命科技与健康管理、新能源与资源、私募与股权投资、葡萄酒等领域，为其长期提供服务，积累了丰富的专业知识，能精确把握行业和企业的特点和状况，降低了信息不对称风险，提高了服务针对性和质量。

（2）提供多样化服务。

科技型企业从创设到发展壮大，银行针对不同科技型企业的不同发展阶段及其特点，为其量身定制提供服务，提供 SVB 加速器、SVB 增长、SVB 企业金融三种不同的服务项目，满足融资和服务需求。

（3）与创业风险投资公司合作，提高项目选择和评估能力。

在美国科技型企业的发展中，创业风险投资起着重要作用。VC 公司有其专业性，具备很强的项目评估与识别能力。硅谷银行和 VC 机构合作，准确估计企业所面临的风险和回报，减少风险、提高收益。

（4）建立专门的专家服务团队，提高服务质量。

积极与法律、财务、评级等中介合作，构建外部专家团队，减少信息不对称问题。引进各类行业专家建立自身团队，为企业提供价值评估、创业和咨询服务，为客户提供建议，助力创新创业企业成长。

（5）开展适应高科技企业特点的IP质押贷款业务。

初创科技型企业，缺乏资金，但拥有较多的专利。硅谷银行开展了知识产权（IP）抵押贷款业务（当然，针对IP的专业评估很重要），解决了科技成果转化中资金短缺的问题。

（6）提供辅导和帮扶服务。

初创企业拥有核心技术，但缺资金、市场与管理经验及知名度等。银行提供创业辅导、创业沙龙及与各种机构的交流，增强创业者能力，拓展外部网络，帮其获得投资和市场等各种机会。

2. 硅谷银行的盈利模式

（1）债权式投资。

硅谷银行债权投资的资金来自客户基金。贷款企业从事高风险行业，硅谷银行收取的利息高，同时企业从VC/PE获取资金后，存入硅谷银行账户中，客户对存款利率不敏感，降低了资金成本。这为硅谷银行扩展盈利空间奠定了基础。

（2）股权式投资。

在采用股权投资方式之时，硅谷银行会以收取股权或认股权为附加条件与企业签订协议。一旦这些企业上市后股价上涨，硅谷银行便可通过退出股权而获得高收益。

3. 硅谷银行的风险控制

首先，与创业投资机构深度合作，借助硅谷银行的外部和内部专家团队，深度把握贷款和投资对象，防范风险。其次，对处于研发阶段的公司提供以知识产权为担保或者抵押的贷款。产品研发成功的发放应收账款抵押贷款，减少风险。再次，采用风险隔离、组合投资和联合投资等方式降低风险。最后，联手风投，建立金融服务网络平台，给科技型企业提供全面、专业服务，分散风险。

4. 对我国的借鉴意义

引入硅谷银行机制，有利于"风险投资→科技信贷→资本市场"完整创新金融服务体系链的发展和完善，真正实现技术→资金→产业的结合。将创新驱动战略落实到位，有着非常重要的借鉴意义。

（三）优化投资营商环境，延揽高层次人才

从硬环境和软环境两方面同时着手，配合企业发展，做好长远的规划引领服务。加强政策支持、协调，推动国际、市际产业合作，加快与其他地区间的要素流动，加强区域内合作和资源互换。进一步加大产业基地、集聚区公共服务平台建设，搭建投融资平台、电子商务平台、人才培训平台、检验检测平台、信息服务平台、政府服务平台、研发设计平台。强化服务意识，提高服务效率，发挥职能作用，努力为企业健康发展创造良好的市场化、法制化营商环境，为经济发展提供服务和保障。

制定更具针对性的政策以延揽高层次人才。建立并完善外地盐城籍毕业生和高层次人才数据库，采取有针对性的政策吸引人才回盐工作；通过政策杠杆引导盐城高校毕业生留盐工作；有针对性地解决客籍高层次人才医疗、子女入学等问题；切实改善盐城教育条件和医疗条件，优化盐城生活环境、工作环境和投资环境；支持柔性引才，鼓励企业设置特聘岗位，聘请专家入企科研攻关；确定本市重点支持的知识密集型产业，支持企业依托研发平台引进和培育创新型高层次人才。

（四）提升城市综合竞争力，强化工业发展支撑

盐城是中国长江三角洲城市群中重要的 II 型大城市，是中国东部沿海重要的汽车城和港口城市，盐城正处于工业化发展中期，处在转型提升、创新发展的关键阶段。盐城支柱产业产业链比较完善，具备较好的工业发展基础。但相对苏南发达地区，盐城城市化水平及创新能力偏低，城市综合竞争力偏弱。

城市综合竞争力是决定资金、技术、人才流向的主要原因。城市综合竞争力的内在表现是一个城市的吸引力、辐射力、创新力、整合力和影响力，内在含义包括城市的综合经济实力、综合服务功能、综合管理水平等方面。工业强市，不仅应立足工业本身，更应从提升城市综合竞争力入手，集聚资金、技术、人才，针对突出矛盾和问题，紧紧抓住重大机遇，妥善应对风险挑战。

经济发展定位不能脱离一个地区资源特点、经济发展演进规律和经济发展水平。盐城的区位特点、城市发展水平和发展进程决定了工业相对于服务业发展的优先次序。盐城服

务业辐射能力不强，具有较高的区域封闭性，服务业对工业发展具有一定的被动适应性，而工业发展具有较强的外向输出作用。因此，立足实际，工业经济增长仍将是盐城经济发展的第一驱动力，在较长的时期内，盐城仍应定位于生产制造中心，应结合自身资源禀赋，重点发挥工业经济的带动作用。

放眼全球，中国制造业的发展面临众多挑战，成本优势面临东南亚国家的威胁，高端制造业面临欧美"再工业化"的竞争，在此背景下，盐城制造业应如何破局？出路之一是千方百计降低制造企业各项成本，延长低端制造业的比较优势周期；出路之二是弥补中、高端制造业比较优势的短板，逐步实现智能制造、服务型制造、绿色制造、优质制造；出路之三是继续发挥盐城区域的比较优势，发挥港口、土地资源、成本、环境等方面的综合优势。

支柱产业在工业经济系统中具有较大的前项、后项和旁侧关联效应，对其他产业或工业行业能够起到支配或明显带动的作用，这决定了支柱产业的选择判定应该充分体现发挥各地区和各行业比较优势的原则，对建立合理的地域分工体系和实现区域经济持续协调发展具有重要影响和重大意义。汽车、机械等行业在盐城工业经济中占有较大比重，具备支柱产业的基本条件，但支柱产业还必须具有较强的动态性。在工业发展的不同时期和不同阶段，应密切关注产业的比较优势、需求的收入弹性。汽车产业经历了一轮快速增长期之后，逐步步入平稳发展期，盐城应更加注重对整车及零部件投资的开放，吸引增量资源，构建大产业，大格局。

参考文献

安树伟，张晋晋，2016. 2000 年以来我国制造业空间格局演变研究 [J]. 经济问题 (9)：1-6.

陈洪涛，陈良华，2014. 新工业革命与长三角经济结构转型研究 [J]. 海南大学学报（人文社会科学版），32 (6)：27-35.

陈艳萍，吕立锋，李广庆，2014. 基于主成分分析的江苏海洋产业综合实力评价 [J]. 华东经济管理，28 (2)：10-14.

郭凯明，潘珊，颜色，2020. 新型基础设施投资与产业结构转型升级 [J]. 中国工业经济 (3)：63-80.

黄南，2013. 南京产业结构调整绩效评价及提升对策研究 [J]. 南京社会科学 (3)：148-154.

简晓彬，陈伟博，2016. 生产性服务业发展与制造业价值链攀升：以江苏为例［J］. 华东经济管理，30（7）：29-34.

金煜，陈钊，陆铭，2006. 中国的地区工业集聚：经济地理、新经济地理与经济政策［J］. 经济研究（4）：79-89.

李敦瑞，2016. 产业转移背景下我国工业污染空间格局的演变［J］. 经济与管理，30（1）：49-53，96.

林珊珊，崔晓蕾，2017. 江苏工业低碳技术创新的效率评估及提升路径［J］. 南通大学学报（社会科学版），33（2）：28-34.

刘明兴，张冬，章奇，2015. 区域经济发展差距的历史起源：以江浙两省为例［J］. 管理世界（3）：34-50.

刘小铁，2015. 产业集聚度越高对产业成长及经济发展越有利吗？：基于江苏制造业实证的思考［J］. 江西社会科学，35（12）：43-47.

马骏，孙茂洋，关一凡，2016. 江苏省经济与环境协调发展实证分析［J］. 生态经济，32（2）：78-83.

马双，赖漫桐，2020. 劳动力成本外生上涨与 FDI 进入：基于最低工资视角［J］. 中国工业经济（6）：81-99.

欧阳志刚，陈普，2020. 要素禀赋、地方工业行业发展与行业选择［J］.经济研究，55（1）：82-98.

裴长洪，刘斌，2019.中国对外贸易的动能转换与国际竞争新优势的形成［J］.经济研究，54（5）：4-15.

宋林飞.苏南区域率先发展实践与理论的探索：从"苏南模式""新苏南模式"到"苏南现代化模式"［J］.南京社会科学（1）：1-10.

孙薇，侯煜菲，周彩红，2019.制造业绿色竞争力评价与预测：以江苏省为例［J］.中国科技论坛（4）：124-132，141.

孙早，侯玉琳，2019.工业智能化如何重塑劳动力就业结构［J］.中国工业经济（5）：61-79.

汪增洋，张学良，2019.后工业化时期中国小城镇高质量发展的路径选择［J］.中国工业经济（1）：62-80.

王家庭，李艳旭，马洪福，等，2019.中国制造业劳动生产率增长动能转换：资本驱动还是技术驱动［J］.中国工业经济（5）：99-117.

魏后凯，王颂吉，2019.中国"过度去工业化"现象剖析与理论反思［J］.中国工业经济（1）：5-22.

武前波，马海涛，2016.长三角全球城市区域二级城市的产业功能与发展战略［J］.世界地理研究，25（1）：104-114.

谢守红，聂庆明，2011. 苏锡常制造业竞争力评析 [J]. 城市问题（9）：52-55.

徐金河，2016. 苏州工业经济转型升级面临的挑战与对策探讨 [J]. 江苏行政学院学报（6）：50-53.

徐长乐，孟越男，2015. 长江经济带产业分工合作与江苏作为 [J]. 南通大学学报（社会科学版），31（3）：1-8.

闫宁，施泽尧，王天营，2017. 江苏工业废气排放环境库兹涅茨曲线研究 [J]. 中国人口·资源与环境，27（S2）：119-123.

杨继东，罗路宝，2018. 产业政策、地区竞争与资源空间配置扭曲 [J]. 中国工业经济（12）：5-22.

杨莉，余倩倩，张雪磊，2019. 江苏沿江城市工业绿色发展评价与转型升级路径研究 [J]. 江苏社会科学（6）：249-256，260.

叶祥松，刘敬，2020. 政府支持与市场化程度对制造业科技进步的影响 [J]. 经济研究，55（5）：83-98.

张琳，刘冰洁，郭雨娜，2016. 工业化进程中企业土地集约利用的影响因素研究：基于区域比较分析 [J]. 大连理工大学学报（社会科学版），37（3）：34-40.

张晓芹，王宇，2018. 发达中小城市新型制造业综合评价与比较研究［J］. 科技管理研究, 38 (9)：55-60.

张越, 叶高斌, 姚士谋, 2015. 开发区新城建设与城市空间扩展互动研究：以上海、杭州、南京为例［J］. 经济地理, 35 (2)：84-91.

中国社会科学院工业经济研究所课题组, 史丹, 2020. "十四五"时期中国工业发展战略研究［J］. 中国工业经济 (2)：5-27.

附　课题组简介

本专著由"工业强市"课题组合著，课题组成员如表 1 所示。

表 1　课题组成员及简介

赵永亮	课题组负责人，复旦大学经济学博士，加州大学伯克利分校访问学者，盐城工学院经济管理学院院长，教授，江苏省"333 工程"培养对象，中国数量经济学会常务理事，管理科学与工程学会理事。先后主持两项国家社科基金项目，在《数量经济技术经济研究》《经济学动态》《世界经济研究》等期刊发表论文多篇
焦微玲	南京大学管理学博士，英国格林威治大学访问学者，盐城工学院经济学院教授
陈　军	中共盐城市委研究室副主任

蔡建华	盐城工学院经济管理学院教授，主要研究精益生产、创新战略，主持完成部级课题2项，教育厅项目1项，参与完成部级课题3项，主持或参与横向课题10项，先后在《经济管理》《财经科学》《科学管理研究》等期刊上发表论文35篇
费晓晖	本特利大学金融学硕士（美国），华东理工大学经济学学士，盐城工学院经济学院讲师，参与一项国家社科基金项目
陈燕平	盐城工业学院人事处
陈大群	盐城工学院管理学院副教授，主要研究企业管理
吴辰星	杜伦大学金融学硕士（英国），南京大学经济学学士，盐城工学院经济学院讲师，参与一项国家社科基金项目
柴森霖	辽宁工程技术大学工学学博士，盐城工学院讲师，主要研究方向为矿业系统工程，复杂系统优化决策、仿真及其可视化。攻读博士学位期间，发表学术论文多篇，其中SCI检索论文1篇，EI检索论文3篇

N